日本という国

～古事記の中に日本人の源流を探る～

平尾　栄滋

郁朋社

序章

いにしえの昔から今日に至るまで、日本列島に住まう人々は大和民族、日本人と称されてきた。また、その国名は倭国《わこく》、倭《やまと》、大和《やまと》、日本（にほん、にっぽん）というような変遷を経ている。そして、この国にはこんな神話もある。

「はるか昔、夫婦となる二人の神々が天上界から地上に舞い降り、何もない海の中から小島を一つ創り出す。そして、神である彼らの子孫が稲や麦そして大豆などの穀物をも生み出した。……」

それはさておき、この列島はもとはと言えばユーラシア大陸の一部としてその東端に位置していたが、地殻変動によって日本海が生じた結果、弓のような形で連なる本州や北海道そして四国に九州という島々に分離した。それは、今から２３００万年から５３０万年前のこととされている。こうして太平洋と日本海とに挟まれた日本列島は、大陸とは完全に切り離されてしまった。そこに人類が誕生しこの列島に渡ってくるのだが、それは今から1万６０００年前の旧石器時代のことと言われている。以来、ここに住まう人々は縄文時代、弥生時代、古墳時代、飛鳥時代、奈良時代などと称する多くの年代を経て、令和の今日に至っている。この間、大陸や他の島々との何がしかの交流をもちながらも、ほぼ孤立した状態で独自の文化を育て上げ、この地球上で他に例の無いような性向を有する国へと成長してきた。それを簡潔に表現すれば「城と桜の美しさ」「おもてなしの精神」ということになる。

そして現在、日本を訪れる外国人観光客が増え続けている。その背景にあるのは国が推進する観光立国政策と、それに呼応するかの如く世界中の国々で沸き起こる日本ブームである。

「アメリカはワシントン、ポトマック河畔の桜祭り」

「ドイツはデュッセルドルフの日本デー」

「南米チリはサンチャゴのアニメソング大会」

「アルゼンチンはラプラタの盆踊り」

などで、参加者は一日で30万人を超える催しもあるとの評判だ。現地の人々が桜を愛でて、着物姿で和傘をさして練り歩き、和太鼓を演奏しているのだ。もちろん、人気のアニメや漫画のキャラクターを真似たコスプレ姿も数多い。また、浴衣を着て輪になって踊っている。これらの催しについては、既にご存知の方も多いことだろう。また、フランスやロシアでは華道や茶道も盛んになっているという。そして、２０１８年にロシアで開催されたＦＩＦＡのＷ杯では、日本人応援団の観戦マナーの素晴らしさやスタジアムの清掃活動が、称賛の目をもって現地から世界へと大きく報道されている。彼らはこうした日本の文化に憧れ、日本人のあり様に大変な興味をもっているのだ。そんな人たちが、口を揃えて言う言葉がある。

「日本大好き」「日本へ行きたい」「日本人になりたい」と。

しばらく前にも、筆者はこんな話を耳にしたことがある。16歳のフランス人少女が、お金もパスポー

トもたずに東へと向かう列車に乗り込み、国境で補導されたという内容だ。彼女は、

「アニメの国日本に行き、実際にその目で見てみたい。日本語で漫画を読みたい。そのために、独学で日本語も勉強している」

と、語ったそうだ。世界中で老若男女を問わず、このような人々が間違いなく増えている。


かく言う筆者はボランティア組織に所属し、外国人を対象として名古屋城で観光ガイドをしている。世界各国からの来訪客を案内して、このような日本ブームを毎回のように実感しているところだ。なかにはこんな人もいる。50歳前後で中国系カナダ人の夫婦だが、夫人は今回が44回目の、夫はこれが16回目の来日だと言う。２０１７年（平成29年）５月のことだ。彼らは15年ほど前に上海からカナダへ移住し、その後初めて日本を訪れた。それ以来、日本に病み付きになったと言うのだ。そんな彼らは今日もまた、日本の何処かを歩き回っているのだろうか。そしてつい最近、筆者は次のようなアメリカ人に出会った。黒人男性で、年齢は20歳代前半と思われる。

「日本は素晴らしい国だと知り、実際にこの眼で見たいと思いやってきた。聞いていたとおりのところで、僕は日本に住みたいと思う。アメリカに戻って準備をし、日本で仕事を見つけて永住したい。僕はアメリカが大嫌いだ（I hate America)。きっとまた、日本に戻ってくる。そして日本人になる」

と、彼はこんな話を熱っぽく語ったのだ。このような話は新聞やテレビで目にし、案内する観光客の雰囲気からも感じ取ってはいたのだが、面と向かってここまで言う人は初めてだった。


だがこれは、なにも今になって突然始まったことでは決してない。古今東西、私たちの国日本を訪れた外国人は数知れないが、彼らの多くが日本という国に驚嘆し、我々日本人を敬愛する言葉を残し

ているのだ。明治時代になって日本が開国すると、それを待ちかねたがごとくおびただしい数の外国人、それも欧米の人々が日本にやってきた。中には日本人と結婚してそのまま居つき、日本で生涯を終えた人もいる。ギリシャ生まれでアメリカの出版社記者として１８９０年（明治23年）に来日し、日本の民話をもとにして「耳なし芳一」「雪女」など『怪談』という物語集を世に出した小泉八雲ことラフカディオ・ハーンもその一人だ。

このように外国人を魅了し虜にする日本という国と日本人の姿は、昔も今も変わらない。それがどれだけ素晴らしいことなのか。ここに一つの例がある。１９７２年に公開された映画「ゴッドファーザー」だ。ご覧になった方も多いと思われるが、この映画はフランシス・フォード・コッポラ監督の代表作で当時の興行記録を塗り替える大ヒットとなり、同年のアカデミー賞で作品賞、主演男優賞、脚色賞を受賞した。そして、１９９０年にはアメリカ国立フィルム登録簿に永久保存登録もされている。その物語は第２次世界大戦が終わって間もないニューヨークが舞台で、１９４６、7年頃の話と思われる。今から70年ほど前のことだ。映画が始まり、あのテーマ音楽とともに暗闇の中から最初のセリフが聞こえてくる。

「I believe in America ＝アメリカは良い」

と、イタリアから移民してきた男性が語り出す。このセリフのとおり、当時のアメリカは本当に素晴らしい国だった。１９５０年代から70年代にかけてのアメリカは、多くの日本人が憧れる国だったのである。１９４８年生まれの筆者はまさしく団塊の世代であり、チョコレート、西部劇、コカコーラなどアメリカとともに成長してきたようなものだ。しかしながら、昨今のアメリカは低迷し混乱の真っただ中にある。わずか70年にして、「I believe in America＝アメリカは良い」から、「I hate America＝アメリカが大嫌いだ」に、変わり果ててしまったのである。「20世紀はアメリカの時代」とも言われたが、その栄華と繁栄はわずか１００年余りで終わるのだろうか。

歴史上、このような大国の興廃は数多くある。チンギス・カンが興したモンゴル帝国は、東は朝鮮半島から西は東欧のハンガリーまでをその版図としていた。13世紀初頭から14世紀後半のことである。13世紀は１２７４年（文永の役）と１２８１年（弘安の役）の２回にわたって彼らは日本にも侵攻してくる。だが、時の執権北条時宗率いる鎌倉幕府とその武士団によって撃退された。大英帝国はインド、中国、北米大陸、オーストラリアそしてアフリカ大陸の多くを植民地としていたし、19世紀半ばに起こった産業革命で工業力も飛躍的に成長して経済的にも躍進した。「７つの海を支配する大英帝国」と呼ばれもしたが、第２次世界大戦後の１９５０年、60年代には、植民地が次々と独立していった。今日、沈滞する英国はかつての栄華を力なく引きずっている。また隣国の支那（筆者注／呼称については45ページ参照）においては、始皇帝によって紀元前２２１年に統一された国「秦」は、それからわずか15年で滅亡している。また、日本も積極的に交流しその文物を取り入れた「唐」の時代は、西暦６１８年から９０７年のことである。今も昔も、世界中には大国、強国が数多く存在したが、その繁栄の期間はたかだか２００年から３００年のことなのだ。

だが、私たちの国「日本」だけは違う。この国の歴史は２０００年の長きにわたって続き、美しい文化を創り出し今日でも力強い経済力を誇っている。その間、ただの一度も途絶えたことのない天皇家が存在している。日本人は天皇家とともに年月を積み重ねてきたとも言えるのだ。このような国家元首と国民との関係は、世界中から驚きと尊敬の念をもってとらえられているのだ。そんな日本は、昔も今も諸外国から愛され続けているのである。２０１１年3月11日、あの東日本大震災に見舞われた時、地球上の全ての国がこの日本を支援してくれた。筆者は日本に生まれたことを誇りに思い、70歳になる今日まで日本人として生きてこられたことに感謝するひとりである。その気持ちの表れとして、日本と日本人について語った外国人たちの称賛の言葉を紹介したいのである。このような思いで「日本という国」「日本人と呼ばれる人々」について調査し研究した筆者は、

「何万年というその歴史の上で、人類が築いてきた集合体すなわち国家というものは数多くあるが、その中でも日本という国は唯一最高の国家である！　そして、日本人は最上の人々である！　その事実は、昔も今も変わることはない」

との確信をもつに至った。そして、このような思いの根底には、温暖な気候に恵まれ清らかな水があふれる日本列島の存在と、神話の時代を含め今日まで２６００年以上、１２５代にわたって続く天皇家と日本人との深いつながりがあるのだ。

このように書くといささか唐突に思われることだろう。だが、次のような疑問に対して一つひとつ順を追って解明するうちに、筆者はかくなる思いにたどり着いたのである。

「日本という国と日本人と呼ばれる人々が、他の国の人々からこのように愛されるのはなぜだろうか？」

「日本人はなぜ、そうなったのか？　いったい、何がそうさせたのか？」

そして、その次には、

「山奥の鄙びた集落には必ずや古びた社があり、湖に浮かぶ小島にも赤い鳥居が立っている。その地の人々は、それを今でも大切に守っている。祭りと称してその神を崇めて称え、そして感謝している。こうした風景や人々の暮らしは、日本中至る所で見ることができる。なぜだ？」

こんな疑問もわいてくるのだ。また、3世紀から9世紀、すなわち古墳時代から平安時代前半の日本は天皇家によって統治されてきた。そんな時代からも、日本人は天皇家を敬愛してきたのである。それは令和の今日に至るまで、変わることなく続いている。何故だろう？　国を統治する国家元首が国民に慕われ、それが絶えることなく2000年も続いている。そのような国が他にあるのだろうか？

そんなことを考えては不思議に思い、その解を得た途端にまたまた次の疑問に襲われる。こんなことを繰り返す中で、筆者は次なる問題に突き当たってしまった。

「このような日本人を作り上げたもの、それはいったい何なのだ？」

「なぜ、日本人は2000年を超す長い年月、天皇家とともに歩んできたのか？」

そして、この二つの疑問を解き明かすことが、本書をものす目的になったのである。

ちなみに、本書を書き進める上では他国との比較も必要となってくる。そのためには政治的、宗教的な問題にも言及することになるが、その際、個人的な主観にこだわることなく、これまでに明白になっている歴史的事実を根拠として、また公平なる第三者の言葉を引用して表現しようと心掛けた。

なお、本書の構成はこの序章も含め次の6つの章からなっている。

日本という国／目次

装丁／宮田麻希

第1章　外国人が見た日本と日本人

西暦2019年の今日、日本では皇紀2679年ということになる。我が日本国には、神話の時代も含めて2600年以上の歴史があるということだ。その間、当然のことながら諸外国との接触があった。世界地図を眺めてみると、日本の西方には対馬海峡と東シナ海を挟んで朝鮮半島と中国大陸があり、その先はアジアから中近東そして欧州へとつながっていく。また、西の海の向こうには交趾《コーチ》と呼ばれたベトナムや、ルソンと称したフィリピンがある。そして東方には、広大な太平洋が広がりその向こうには南北のアメリカ大陸が存在する。支那、朝鮮との交わりは長く深い。古くからの交易や白村江の戦い、遣隋使に遣唐使の文化使節、そして鎌倉時代の蒙古襲来に豊臣秀吉の朝鮮出兵など戦火を交えた歴史もある。

その一方で眼を遠く欧州にまで広げてみれば、歴史上、最初に日本を訪れた欧州人は誰かという疑問が湧き上がってくる。調べてみれば、それは1543年種子島に漂着して鉄砲を伝えたポルトガル人ということになっている。残念ながら日本側の記録に彼らの名前は残っていないが、ポルトガル側の資料であるアントニオ・ガルバンの『諸国新旧発見記』には、アントニオ・ダ・モッタ、フランシスコ・ゼイモト、アントニオ・ペイショットの3人と記されている。

次いで1549年、キリスト教宣教師のフランシスコ・ザビエルが日本に上陸する。彼は最初に日本を訪れた欧州人として、日本の歴史にその名を残している。そのザビエルはポルトガル（バスク）の貴族の子として生まれ、カトリック系イエズス会を創設した。1548年11月にインド西海岸のゴアで宣教監督となると、イエズス会の神父や通訳となる日本人と共に日本を目指した。一行は薩摩半島の坊津《ぼうのつ》に上陸し、1549年8月には現在の鹿児島市祇園之洲町《ぎおんのすちょう》に到着する。ザビエルは薩摩の守護大名、島津貴久に謁見し宣教の許可を得る。彼はこの時の様子を11月5日付の書簡にて次のように記している。

「……この地の領主と会談した。領主は大変丁重にもてなしてくれ、キリスト教の教理が書かれている本を大切にせよと言った。そして、仮にイエス・キリストの教えが真理であり有益なものだとしたら、悪魔は大変苦しむだろうとも言った。数日後、その臣下たちにキリスト信者になりたい者は、すべて信者になって良いとまで言った。……」

だが結局のところは、その地の仏僧たちの抵抗にあって貴久が禁教に傾いたため、京へ向かうことを理由にザビエルは薩摩を去っていった。一行はこのような活動をしながら肥前平戸から周防山口へ、そして堺から京を目指す。京の都に到着したのは1551年1月のことである。途中、山口では守護大名大内義隆に謁見し、堺では豪商の日比屋了珪《ひびやりようけい》の知遇も得ている。そして、日本全国での布教許可を日本国王から得るため、ザビエルは後奈良天皇および室町将軍足利義輝への拝謁を願う。だが、これは拒まれてしまう。次に、比叡山延暦寺の僧侶たちとの宗教論議を試みるが、これも失敗する。失意のザビエルは1551年4月、大内義隆に再度面会した。ザビエルたちは美しい衣服で着飾り、スペインやインドからの文物を義隆に献上した。献上品はインド総督とゴア司教の親書の他、望遠鏡、洋琴、置時計、ギヤマンの水差し、鏡、眼鏡、書籍、絵画、小銃などであった。喜んだ義隆は布教を許し、信仰の自由を認めた。また、廃寺となっていた大道寺を住居兼教会として与えもした。ザビエルはこの教会で一日に二度の説教を行い、ほぼ2か月の間に500人もの信徒を獲得したという。その後、彼は山口での布教を神父のトーレスに託し、豊後府内へと向かう。1551年9月、豊後に到着したザビエルは、その地の大名、大友宗麟の保護を受け布教活動を行う。宗麟は室町幕府の守護大名、九州探題として豊前、豊後、肥前、肥後、筑前、筑後の6か国を治めた大大名である。そして、ザビエルは随行する神父たちを残し、1551年11月に日本を去った。ザビエル本人が日本に滞在したのはわずかに2年3か月のことである。ちなみに彼は、『書簡第90　ゴアのイエズス会員に宛てて1549年11月5日鹿児島より』の文中で日本人について次のように語っている。以下はその要点を抜粋したものである。

「日本について私たちが知り得たことを、あなたたちにお知らせします。第一に、この国の人々は今までに発見された国民の中で最高であり、日本人より優れている人びとは異教徒のあいだでは見つけられないでしょう。彼らは親しみやすく、一般に善良で、悪意がありません。驚くほど名誉心の強い人びとで、他の何ものよりも名誉を重んじます。大部分の人びとは貧しいのですが、武士もそうでない人びとも、貧しいことを不名誉とは思っていません。彼らはキリスト教徒がもっていないような特質をもっています。それはどんなに貧しい武士であっても、他の金持ちと同じように尊敬されていることです。貧しい武士ですら、どんなに大きな財産を与えられても、武士以外の階級の者とは結婚しません。低い階級の者と結婚すれば、自分の名誉を失うと考えているからです。すなわち、名誉は富よりもずっと大切なものとされているのです。他人との交際はたいへん礼儀正しく、武具を大切にしています。武士も低い階級の人たちもすべてが、刀と脇差とをいつももっています。日本人は侮辱され軽蔑の言葉を受けたとき、黙って我慢している人びとではありません。そして、すべての武士がその領主につかえることを大切にし、よく臣従しています。その理由は、もし背けば罰を受けるからというよりも、臣従することが自分の名誉を守ることだと考えているためでしょう。また、人びとは賭博を一切しません。賭博をする人たちは他人の物を欲しがるので、そのあげく盗人になると考え、たいへん不名誉なことだと思っているからです」

また、彼はこんな言葉も残している。

「彼ら日本人は、予の魂の歓びなり」と。

ザビエルが滞在した当時の日本は、戦国時代の真っただ中にあった。ザビエルが日本の薩摩に上陸した1549年は、徳川家康がわずか7歳で今川氏へ人質として差し出された、まさにその年のことだ。打ち続く戦乱で日本国中が荒廃し、戦国大名は天下を狙い弱小な土豪たちは生き残りをかけて謀略の限りを尽くして、互いに裏切り離合集散を繰り返していたのだ。明日をも知れぬそんな時代に、私たち日本人の祖先はわずか2年と3か月しか滞在しなかった外国人から、このような評価を受けていたのである。その後も数多くのポルトガル人やスペイン人の宣教師や貿易商人が日本をめがけてやってきた。彼らはキリスト教カトリック派である。遅れて、キリスト教プロテスタント派のオランダ人やイギリス人もやってくる。カトリック派は日本での布教活動と貿易を進めた。その背景にはキリスト教で日本人を感化して臣従させ、政権を奪い取って植民地化するという狙いがあった。このような動きが豊臣秀吉や徳川家康の反感を買ったのである。そして、江戸時代初期に発生した島原の乱では、天草四郎ら一揆勢がポルトガルの支援をあてにしていたことが明るみに出て、徳川幕府はキリスト教を禁教とし、ついには鎖国に至る。幕府の鎖国政策は、異国の侵略から日本を守るためのことだったのである。その一方で、プロテスタントのオランダは南蛮貿易を優先し布教活動をしていなかったため、日本との外交や通商を許されていた。

このような時代背景で、ザビエルが日本を去って224年後、カール・ペーテル・ツンベルク（1743〜1828年）というオランダ人が日本にやってきた。その名前はC・P・ツュンベリーとも表記されるが、スウェーデンの植物学者、博物学者にして医学者である。長崎の出島商館付医師として鎖国期の日本に1年間滞在し、日本における植物学や蘭学、西洋における東洋学の発展に寄与した。エンゲルベルト・ケンペル、フィリップ・フランツ・フォン・シーボルトと並んで、長崎出島の三学者の一人とされる。彼はオランダ船の船医となって世界一周旅行をし、1775年8月に長崎に到着した。その翌年すなわち1776年、オランダ商館長フェイトの侍医という名目で江戸参府旅行に随行して、その年の3月4日に江戸に向け出発し6月に長崎に戻った。4月27日に品川に到着し5月25日に江戸を出発しているので、江戸には1か月滞在したことになる。一行は商館長のフェイト、商館付き医師であるツンベルグそして書記官のケーレルというオランダ側3名と、日本側の役人、通詞、従僕など200人で構成されていた。往路は長崎から陸路にて佐賀、小倉そして下関へ、下関からは海路で兵庫（神戸）まで来て、そして大坂へ入る。京都から瀬田へ出て四日市から桑名へ進み、桑名から渡し船で宮（名古屋の熱田）に渡る。一行は岡崎から吉田（豊橋）、新居から大井川を渉って三島、箱根へと進む。大井川では人足に担がれて川を渉り、箱根の関所では厳しい検閲をも経験している。小田原では雪をいただく富士山の美しさに見とれ、平塚から品川へ入り、第10代徳川将軍家治に謁見する。そしてまた、同じ道で長崎まで戻った。この旅程で見聞きしたことをツンベルグは後に旅行記として出版したが、その日本語訳が高橋文訳『江戸参府随行記』平凡社東洋文庫（1994

年）である。内容は、おおむね次の3項目に分かれている。「長崎の出島での生活」「江戸参府・長崎から江戸への旅」「総括」である。江戸参府の項は、旅程に従い通過した土地や訪れた場所で見聞きしたことをその都度書き留めており、総括部分でも同じようなことが言葉を変えて何度も記載されている。当該の中のとびとびに記された似通った記事を、筆者は項目ごとにまとめて整理しより分かり易く表記するように工夫した。その上で、ツンベルグが見た日本という国を以下に紹介したい。その内容は多岐にわたって大変に興味深く、当時の日本を知るうえで大変貴重な資料と言える。

「日本帝国は多くの点で独特の国であり、風習及び制度においてはヨーロッパや世界のほとんどの国とまったく異なっている。……地球上の三大部分に居住する民族のなかで、日本人は第一級の民族に値し、ヨーロッパ人に比肩するものである。……その国民性の随所にみられる堅実さ、法の執行や職務の遂行にみられる不変性、有益さを追求しかつ促進しようという国民のたゆまざる熱意、そして100を超すその他の事柄に関し、我々は驚嘆せざるを得ない。……また法の執行は力に訴えることなく、かつその人物の身上に関係なく行われるということ、政府は独裁的でもなくまた情実に傾かないこと、……。飢餓と飢饉はほとんど知られておらず、あってもごく稀であること、等々、これらすべては信じがたいほどであり、多くの（ヨーロッパの）人々にとっては理解にさえ苦しむほどであるが、これはまさしく事実であり、最大の注目をひくに値する」

「（オランダ人によって長崎出島から禁制品がもち込まれないように）このように極端な検査が行われるようになった原因は、オランダ人自身にある。……原因にはその上に、数人の愚かな士官が軽率にも日本人に示した無礼な反発、軽蔑、笑いや蔑みといった高慢な態度があげられよう。それによって、日本人はオランダ人に対して憎悪と軽蔑の念を抱くようになり、さらにオランダ人同士がいかに非友好的で礼儀知らずに付き合っているか、また部下の船員を罵倒し、殴打し、そして残忍な仕打ちでいかに彼らを野蛮に扱っているかを知って、その念は一層募ったのである。……（日本側の）その検閲はより入念により厳格になってきた」

江戸へと向かう一行は、身分によっては籠や馬に乗りあるいは徒歩で道を行く。

「この大行列全体は、初めて見る者には、立派にして秩序ある光景に映った。そして我々は至る所で、その地の藩主と同じように名誉と尊敬をもって遇された。その上、万が一にも我々の身に危害が加わることのないよう厳重に警護され、さらに母親の胸に抱かれた幼児のごとく、心配することは何もないほど行き届いた面倒をみてもらった。これは我々ヨーロッパ人にとって、この上ない大きな喜びであった」

「日中は、寺男が寺院の鐘をついて時刻を知らせる。また、茶屋や宿屋はどこも非常になごやかな雰囲気で、喧嘩や酔っぱらいには滅多にお目にかからない。そこで宿の主人から、かつて私が世界のいくつかの場所で遇されてきたより以上に、親切で慇懃なあつかいを受けた。それに比べて北欧の西部地方は、それら（喧嘩や酔っぱらい）があまりにも日常的で、まったく恥ずべきことである」

「日本は一夫一婦制である。また中国のように夫人を家に閉じ込めておくようなことはなく、男性とも同席できるし自由に外出することができる」

「注目すべきことに、この国では子供をむち打つことはほとんどない。子供に対する禁止や不平の言葉は滅多に聞かれないし、家庭でも船でも子供を打つ、叩く、殴るといったことはほとんどなかった。

まったく嘆かわしいことに、もっと教養があって洗練されているはずの民族（筆者注／オランダをはじめとするヨーロッパ人のこと）に、そうした行為がよく見られる。学校では子供たち全員が、非常に高い声で一緒に本を読む。……子供たちに読み書きを教える公の学校が、何か所かに設けられている。そこでは子供ら全員が声高に本を読むので、まとまってものすごい騒音となる。一般に子供らは懲罰を加えられることなく、また殴打されることなしに育てられる」

「この国の道路は一年中良好な状態であり、広く、かつ排水の溝をそなえている。そしてオランダ人の参府の旅と同様、毎年、藩主たちが参府の旅を行わざるを得ないこの時期は、とくに良好に保たれている。道に砂がまかれるだけでなく、旅人の到着前には箒で掃いて、すべての汚物や馬糞を念入りに取り払い、そして埃に悩まされる暑い時期には、水を撒き散らす。さらにきちんとした秩序や旅人の便宜のために、上りの旅をする者は左側を下りの旅をするものは右側を行く（筆者注／街道を歩く際には左側通行が守られているということ）。つまり旅人がすれ違うさいに、一方がもう一方を不安がらせたり、邪魔したり、または害を与えたりすることがないよう、配慮するまでに及んでいるのである。このような状況は、本来は開化されているヨーロッパでより必要なものであろう。ヨーロッパでは道を旅する人は行儀をわきまえず、気配りを欠くことがしばしばある。……さらに道路をもっと快適にするために、道の両側に灌木がよく植えられている。里程を示す杭が至る所に立てられ、どれほどの距離を旅したかを示すのみならず、道がどのように続いているかを記している。この種の杭は道路の分岐点にも立っており、旅する者が行く道に迷うようなことはない。このような状況に、私は驚嘆の眼をみはった。野蛮とは言わぬまでも、少なくとも洗練されてはいないと我々が考えている国民が、ことごとく理にかなった考えや、すぐれた規則に従っている様子を見せてくれるのである。一方、開化されているヨーロッパでは、旅人の移動や便宜をはかるほとんどの施設が、まだ多くの場所においてまったく不十分なのである。ここでは、自慢も無駄も華美もなく、すべてが有益な目標をめざしている。（筆者注／一行は長崎から諫早そして佐賀へと陸路を進み、4日目で福岡県の飯塚まで来ている。この件は、その道中で目にした光景だと思われる）」

「（瀬戸内を船で航行し、港に着いて）投錨するとかならず、日本人はしきりに陸に上がって入浴したがった。この国民は絶えず清潔を心がけており、家でも旅先でも自分の体を洗わずに過ごす日はない。そのため、あらゆる町や村のすべての宿や個人の家には、常に小さな風呂小屋が備えられ、旅人その他の便宜をはかっている。……清潔さは、彼らの身体や衣服、家、飲食物、容器等から一目瞭然である。彼らが風呂に入って身体を洗うのは、週一回などというものではなく、毎日、熱い湯に入るのである。その湯はそれぞれに用意されており、また旅人のためにどの宿屋にも安い料金で用意されている」

「日本人の親切なことと善良なる気質については、私はいろいろな例について驚きをもって見ることがしばしばあった。それは日本で商取引をしているヨーロッパ人の汚いやり方やその欺瞞に対して、思いつく限りの侮り、憎悪そして警戒感を抱くのが当然だと思われる現在でさえも変わらない。国民は大変に寛容で善良である。やさしさや親切をもってすれば、国民を指導し動かすことができるが、脅迫や頑固さをもって彼らを動かすことは全くできない」

「その国のきれいさと快適さにおいて、かつてこんなにも気持ち良い旅ができたのはオランダ以外にはなかった。人口の豊かさとよく開墾された土地の様子は、言葉では言い尽くせないほどだ。国中見渡す限り、道の両側には肥沃な田畑以外の何物もない。……私はここで、ほとんど種蒔きを終えていた耕地に一本の雑草すら見つけることができなかった。それはどの地方でも同様であった。このありさまでは、旅人は日本には雑草は生えないのだと容易に想像してしまうだろう。しかし実際は、最も炯眼な植物学者ですら、よく耕作された畑に未知の草類を見いだせないほどに、農夫がすべての雑草を入念に摘みとっているのである。雑草と同様に柵もまたこの国ではほとんど見られず、この点では名状し難いほどに幸運なる国である。……農夫が自分の土地にかける熱心さと、そのすぐれた耕作に費やす労苦は、信じがたいほど大きい。日本では農民が最も有益なる市民とみなされている。このような国では農作物についての報酬や奨励は必要ない。そして日本の農民は、他の国々で農業の発達を今も昔も妨げているさまざまな強制に苦しめられるようなことはない。農民が作物で納める年貢は、たしかに非常大きい。しかし、とにかく彼らはスウェーデンの荘園主に比べれば、自由に自分の土地を使える」

「一般的に言えば、国民性は賢明にして思慮深く、自由であり、従順にして礼儀正しく、好奇心に富み、勤勉で器用、節約家にして酒は飲まず、清潔好き、善良で友情に厚く、率直にして公正、正直にして誠実、疑い深く、迷信深く、高慢であるが寛容であり、悪に容赦なく、勇敢にして不屈である。……日本人を野蛮と称する民族のなかに入れることはできない。いや、むしろ最も礼儀をわきまえた民族といえよう。彼らの現在の統治の仕方、外国人との貿易方法、工芸品、あふれるほどにあるあらゆる必需品等々は、この国民の賢さ、着実さ、そして恐れを知らない勇気を如実に物語っている。

……自由は日本人の生命である。それは、我儘や放縦へと流れることなく、法律に準拠した自由である。……日本人はオランダ人の非人間的な奴隷売買や奴隷たちへの不当な扱いをきらい、憎悪を抱いている。身分の高低を問わず、法律によって自由と権利は守られており、しかもその法律の異常なまでの厳しさとその正しい履行は、各人を自分にふさわしい領域に留めている。この広範なる全インド（筆者注／アジア全域を指しているのか？）で、この国ほど外国人に対して自国の自由を守っている国はないし、他国からの侵害、詐欺、圧迫、暴力のない国もない。この点に関し、日本人が講じた措置は、地球上にその例を見ない」

「日本の法律は厳しいものである。そして警察がそれに見合った厳重な警戒をしており、秩序や習慣も十分に守られている。その結果は大いに注目すべきであり、重要なことである。なぜなら日本ほど放埒なことが少ない国は、他にほとんどないからである。さらに人物の如何を問わない。また法律は古くから変わっていない。説明や解釈などなくても、国民は幼時から何をなし何をなさざるかについて、確かな知識を身に付ける。そればかりでなく、高齢者の見本や正しい行動を見ながら成長する。……当地では犯罪の発生もその処罰も、人口の多い他の国に比して確かにずっと少ないと言えよう」

「法学については広範囲な研究はなされていない。こんなにも法令集が薄っぺらで、裁判官の数が少ない国はない。法解釈や弁護士といった概念はまったくない。それにもかかわらず、法が人の身分によって左右されず、一方的な意図や権力によることなく、確実に遂行されている国は他にない。法律は厳しいが手続きは簡潔である」

「この国民は必要にして有益な場合、その器用さと発明心を発揮する。そして勤勉さにおいて、日本人は大半の民族に群を抜いている。彼らの銅や金属製品は見事で、木製品はきれいで長持ちする。その十分に鍛えられた刀剣と優美な漆器は、これまでに生み出し得た他のあらゆる製品を凌駕するものである。刃は比類ないほどに良質で、特に古いものは値打ちがある。それはヨーロッパで有名なスペインの刃を、遙かに凌ぐものである。……日本で製造される漆器製品は、中国やシャム、その他世界のどの製品をも凌駕する。工芸は国をあげて非常に盛んである。工芸品のいくつかは完璧なまでに仕上がっており、ヨーロッパの芸術品を凌駕している」

「天皇は町なかに自分の宮廷と城を有し、特別な一区画のように濠と石壁をめぐらし、そこだけでも立派な町をなしている。……天皇は正室、宮廷に仕える大多数の人々そして教養に富んだ僧侶とともに、そこに住んでいる。……男性では誰も目の当たりにすることはできないほどに、天皇は大変に神聖なる人と見なされている。……公方すなわち軍の大将である将軍は、最高権力を奪取した後もなお、天皇には最大の敬意を表していた。……国民の内裏に対する尊敬の念は、神そのものに対する崇敬の念に近い。内裏が宮殿から出ることは滅多にない。なぜならあまりにも神聖な人であり、空気や太陽光線、そして特に人目にさらされないようにするためである」

「主要な宗教は二つだけと考えられる。すなわち神道と仏道である。前者は、その信奉者は少ないが、この国古来の宗教である。そして後者はアジア大陸からもたらされ、最多数の信奉者を得たのであった。……私は、神道信奉者らが祭日や他の日にどのような心境でこの社にやってくるかということが漸次わかってきたが、そのさい非常に驚くことが多かった。彼らは何かの汚れがある時は、決して己れの神社に近付かない。……なかでもこの国の二、三の寺社は特に注目されており、あたかもイスラム教徒がいつもメッカを訪ねるように、国のあらゆる地方からそこへ向けて遍路の旅が行われる。特に伊勢神宮はその一つであり、この国最古の神、すなわち天の最高の神天照大神を祭っている、社は国中で最も古くかつ最もみすぼらしく、今ではいろいろ手を尽くしても修復できないほどに古びて朽ちている。なかには鏡が一つあるだけであり、まわりの壁には白い紙片がかけられている（筆者注／この記述はおかしい。この時代にして、伊勢神宮は20年ごとの式年遷宮で更新されており、古びて朽ちるはずはない。ツンベルグは伊勢神宮には行っていないので、人伝ての話をそのまま書いたと思われる）。……老若男女を問わずすべての信者は、少なくとも一生に一度はここへの旅をする義務があり、そして多くの信者は毎年ここに来る。（筆者注／伊勢参りは義務ではなかった。これも人伝ての話か？）」

ツンベルグが長崎に着いたのが１７７５年８月、江戸へと向かうこの旅行が１７７６年の３月から６月のことだが、この当時の日本は第１１８代後桃園天皇、第10代徳川将軍家治の時代である。江戸の時代になって１７０年が経ち、平和な時代が到来し歌舞伎や浮世絵、お伊勢参りなどが盛んになっていた頃でもある。ちなみに、三大歌舞伎と称される菅原伝授手習鑑、義経千本桜、仮名手本忠臣蔵の初演はそれぞれ１７４６年、47年、48年とされている。まさしく、ツンベルグが江戸へと向かった頃である。また、参勤交代で大名が行き来するため江戸を起点として各地へ向かう街道や宿場、そして海路などが充分に整備されていた時代でもある。

一方、眼を海外に向けてみれば、彼が日本に来た１７７５年はアメリカの独立戦争が始まった年で、翌１７７６年７月４日には独立宣言がなされた。ツンベルグが江戸から長崎へと戻った直後のことだ。それ以前の１７４０年には、オーストリア継承戦争が巻き起こった。神聖ローマ皇帝位およびオーストリア大公国（ハプスブルク帝国）の継承問題を発端として、ヨーロッパの主要国を巻き込んだ戦争で１７４８年まで続いた。この争いは、カナダやインドを舞台とした英仏間の戦争にまで発展する。またフランスでは、ブルボン王朝の圧政に対する国民の不満が高まり、１７８７年には貴族たちの反乱が起きる。それには市民も加わって、１７８９年にはフランス革命となり絶対王政から共和制へと移行している。このように戦争や騒乱が打ち続くヨーロッパから日本へ来たツンベルグは、平和な日本にさぞかし驚嘆したことだろう。そんな彼は、ポルトガル人やオランダ人というヨーロッパ人すなわち自分自身を嫌悪する言葉さえ残している。そのような偽りのない正直な彼の気持ちが、前述の文章になっているのである。彼は江戸中期の日本と日本人について、

「身分差別がなく法の下に平等であること」
「女性が奴隷ではないこと」
「街中や人々の清潔さ」
「徳川将軍さえも最高の敬意を示す天皇の存在」
「正直、公正、勤勉、節約を重んじる社会」
「巧みな工芸品と豊富な商品」
「犯罪の少なさ」そして「貧しくても自由な人々」

と、表現している。これらの言葉はそれから２４０年経った今日の日本にも、そのまま当てはまるのである。さらには、革命を起こし多くの血を流してまでフランス国民が渇望し標榜した「自由、平等、博愛」を、日本人はそのはるか以前に実現していたのだ。それに加えて、奇しくも同じオランダ

人でアムステルダムの市長が、ツンベルグから213年経った1991年に、内容こそ違えまったく同じように日本を褒め称えて励まし、自国のオランダを卑下する言葉を残しているのである。だが、この市長の話の詳細な内容については、後段にて詳しく述べることにしたい。それにしても、前述のフランシスコ・ザビエルといい、オランダはツンベルグにアムステルダム市長、彼らの言葉はまったくのところ驚くべき内容だ。

ツンベルグが日本に滞在していた頃、その日本には、下総国香取郡佐原村（現在の千葉県佐原市）本宿組名主で、造り酒屋を営む伊能忠敬（1745〜1818年）という男がいた。1783年の天明の大飢饉では、名主として私財を投げ打って地域の窮民を救済している。彼は50歳で隠居し家督を長男の景敬に譲ると、江戸に出て幕府天文方高橋至時《よしとき》に師事し暦学天文を学んだ。そして1800年、幕府に願い出て蝦夷地（現在の北海道）の測量に旅立つ。当初、幕府側は伊能忠敬をさして信頼しておらず、その身分は日雇い職人の扱いだったと言う。だが一説には、全国をまたにかける幕府の隠密であったとも言われている。彼が180日間かけて作成した蝦夷地の地図は精度も高く、幕府の信頼を勝ち取る。その後18年かけて、日本全図を完成させている。1818年のことだ。その間、歯痛に苦しみながらも好きな蕎麦を食べ、自分の足で日本各地を巡って歩いたのだ。彼が歩んだ道のりはおよそ3万キロメートルとも言われる。この地図は忠敬の死後、幕府の紅葉山文庫に納められ国家機密として保管されていた。そして、1828年9月、「シーボルト事件」が起きる。オランダ商館付医師のシーボルトが帰国する際、荷物の中から国外もち出し禁止の日本地図などが見つかり、それを贈った幕府天文方で書物奉行の高橋景保《かげやす》ほか十数名が処分された。景保は獄死し、シーボルトは1829

年に国外追放の上、再渡航禁止の処分を受けた。また１８６１年、４隻のイギリス測量艦隊が神奈川に来航し日本の沿海測量の許可を幕府に求めた。幕末の尊王攘夷の時期ではあったが、幕府はやむなくその要求に応じ日本の役人を４隻に乗り込ませ、案内用として「伊能小図」をもたせた。測量艦隊長、キャプテン・ワードは、その地図を見て驚愕する。すでに自分たちで局部的に測量していたものと見事なまでに一致していたのだ。彼はその精密さを認め、「伊能小図」の写しを手に入れただけで沿海測量は中止し、測深だけを行って引き上げという。そのようなイギリス海軍の記録では、以下のようにこの地図を絶賛しているのだ。

「われわれがやったってこれ以上のものはできない。どうして、こんな地図が日本にできていたのか。非常に正確で、その上に芸術的だ」

とまで褒め称えている。確かに、彩色された地図には沿道の風景や山などが描かれ、絵画的にも美しいものである。忠敬が測量で使用した方法は導線法と交会法といわれ、当時の日本での一般的な測量法であった。彼は、当時の西洋で主流だった三角測量は使用していないのである。我々日本人には当たり前のことでも、外国人の目からみればそれは驚嘆すべきことなのだ。要するに、日本独自の測量法は当時の世界最先端の技法に肩を並べていた、もしくは凌いでいたということだ。その地図の正式名称は「大日本沿海輿地全図」といい、また「伊能図」とも呼ばれる。縮尺３万６０００分の１の大図、21万６０００分の１の中図、43万２０００分の１の小図があり、大図は２１４枚、中図は８枚、小図は３枚で測量範囲を表現している。この他に、特別大図や特別小図、特別地域図などの特殊な地図も存在する。伊能図の大図については、幕府に献上された正本は１８７３年の皇居炎上で失われ、伊能家が保管する写しも関東大震災で焼失したとされる。しかし２００１年、アメリカ議会図書館で写本２０７枚が発見された。その後も各地で相次いで発見され、現在ではその全容がつかめるようになっている。いずれにしても、彼の偉業は知れば知るほど空恐ろしくなる。昔はこんな日本人もいたのであるし、21世紀の日本にもきっといるはずだ。日本人として同じ血が流れているのだから。

話は変わって、ツンベルグが日本を去ってから77年の歳月が流れた１８５３年、代将マシュー・ペリー率いるアメリカ合衆国海軍東インド艦隊４隻が浦賀沖に来航し、幕府に対して開国と通商を要求する。時の老中首座阿部正弘ら幕閣は慌てふためき、日本中が混乱の最中へと追いやられるが、彼らは、

「来年、また来る」

と、言い残して日本を去っていった。こうした状況を詠んだ有名な狂歌がある。

「泰平の眠りを醒ます蒸気船たった四杯で夜も眠れず」

である。「じょうきせん」とは宇治の高級緑茶「上喜撰」とかけた言葉で、

「上喜撰のお茶を４杯飲んだだけで、カフェインの作用で夜眠れなくなる」

という表向きの意味と、

「わずか四杯（船を一杯、二杯と数えることもある）の異国からの蒸気船（上喜撰）のために国内が騒乱し、夜も眠れない」

という意味をかけて揶揄しているのである。そして翌１８５４年には、計９隻の艦隊が江戸湾の浦賀に集結し、入港時の礼砲（空砲）をぶっ放した。その轟音で、江戸にはまたしても大きな動揺が走っ

た。だがその一方では、浦賀には見物人が多数詰め掛け観光地のようになっていたという。また、勝手に舟を出して軍艦に近寄りアメリカ人と接触する市民もいた。長州の吉田松陰もその一人である。彼は1854年、この軍艦（黒船）に乗ってアメリカへ渡ろうとするが、幕府に対して開国と通商を求めるアメリカ側に拒否される。松陰は下田奉行所に自首し伝馬町牢屋敷に投獄されるも、老中首座阿部正弘の裁定により国許での蟄居処分とされる。その後、松下村塾を開いて藩士や農民たちの啓蒙活動に励むが、その活動は僅かに2年余りで終わってしまう。結局、彼は老中暗殺に関与した罪で処刑される。1859年のことだ。このような外圧で、日本国内は混乱に陥る。大艦隊に幕府は驚き慌てふためいたものの、前回と同様、日米ともに友好的な交渉に終始した。アメリカ側は船上にて、日本側の使節にフランス料理を振舞った。〝日本人は鯛を喜ぶ〟という情報を手に入れたアメリカ側は鯛の料理を提供するなど、日本側を十分に意識していた。一方、日本側の招待客は、十手と孫の手をナイフとフォークに見立てて作法の練習をしたという。そして日本側の接待だが、横浜の応接所で最初の日米の会談が行われた際、アメリカ側に本膳料理の昼食を出した。料理を請け負ったのは江戸浮世小路百川といい、2000両で300人分の膳を作った。2000両を現代の価値に計算すると1億5千万円近くで、一人あたり50万円になる計算だ。最上級の食材を使い、酒や吸い物、肴、本膳、二の膳、デザートまで100を超える料理が出されたという。その後、日本側は何かにつけてアメリカ側に料理を食べに行ったとされる。異国の恐怖におののきながらも、日本人はどこかのどかで楽天的、楽観的そして友好的なのである。

だが、その結果結ばれた「日米和親条約」の内容は、

「アメリカ側のみの一方的な最恵国待遇」

「滞在するアメリカ人の日本国法順守義務の欠落」

などの、あまりにも不平等なものであったため、親藩、外様を問わず諸藩の反発を招き攘夷思想から倒幕運動につながっていく。この時期、すなわち黒船来航から1868年10月の明治新政府発足までを、日本では「幕末」と称する。


こうした混乱の中で、攘夷討幕の先頭に立つ長州を征伐するために幕府は出兵するが、同盟を結んだ薩摩の支援を受けた長州に逆に破れて敗走する。これは「長州討伐」とも「幕長戦争」とも言われる日本の国内戦で、1866年(慶応2年)のことだ。劣勢に陥った徳川幕府の第15代将軍徳川慶喜は、1867年（慶応3年）11月、朝廷に対して政権返上を申し出る。これは日本の歴史上、「大政奉還」と呼ばれている。その後、討幕派の公家岩倉具視や薩摩藩の西郷隆盛らが「王政復古」を掲げ、徳川打倒の先頭に立つ。これに反発する幕府の強硬派が京都の伏見で薩摩兵との戦闘に及ぶが、幕府方はここでも劣勢に陥ってしまう。1868年（慶応4年、明治元年）1月の鳥羽伏見の戦いである。ここに来て朝廷は薩摩、長州を官軍とし錦旗を与えた。幕府軍は朝敵とされたのである。そのため慶喜は軍を捨てて大坂城を脱出し、軍艦開陽丸で海路江戸へ逃走する。こうして、鳥羽伏見の戦いは幕府の完敗で終幕した。江戸へ逃げ帰った将軍慶喜だが、

「大政を奉還した以上、もはや戦う必要はない」

と、考えていたと言われている。一方、官軍となった薩長は勢いづき江戸城攻略を目指して東上する。だが、これ以上の戦いは国内の混乱を呼び、日本の植民地化を狙う欧米列強を利するだけと考え

る官軍大総督府下参謀西郷隆盛と幕府方陸軍総裁の勝海舟は、田町（東京都港区）にあった薩摩藩江戸藩邸において会談する。この時、幕府方の勝は官軍側の出方によっては江戸の市中を焼き払う焦土作戦も考えていたという。だが、平和を願い無用の流血を嫌う両者の意見はまとまる。1868年4月のことであった。かくして、江戸城は戦わずして明け渡されたのであるが、このような有り様を歴史上「江戸無血開城」と呼ぶ。それにもかかわらず、その直後の1868年7月には江戸上野（現在の東京都台東区）で官軍と幕府彰義隊との戦いが起こる。さらには会津藩を中心とする旧徳川幕府方との戦い（1868年6月から11月の会津戦争）などを経て、日本は明治政府へと集約されていった。新政府の発足は1868年10月23日（明治元年9月8日）とされる。

さて、このような幕末時代に日本を訪れた欧米人を何よりも驚かせたのが武士道精神であった。明治新政府が発足するその7か月前の3月8日に大阪の堺で土佐藩士によるフランス帝国海軍の水平殺傷事件が起きた。鳥羽伏見の戦いの2か月後のことだ。フランス海軍のコルベット艦「デュプレクス」は、その日、堺港に入り港内の測量を行っていた。この間、士官以下数十名のフランス水兵が上陸し、市内を遊びまわって乱暴狼藉を働いた。近隣住民の苦情を受けた土佐藩の六番隊警備隊長箕浦元章（猪之吉）、八番隊警備隊長西村氏同（佐平次）らは水兵たちに帰艦を諭示するが言葉が通じず、土佐藩兵は仏水兵を捕縛しようとした。それに対して彼らは土佐藩の隊旗を奪ったうえ逃亡を図ったため、土佐藩士側はやむを得ず発砲する。双方の銃撃戦の末に、土佐藩士たちはフランス水兵を射殺または海に落として溺死させ、あるいは傷を負わせた。その結果フランス水兵11人が死亡し、その遺体は翌9日にフランス側に引き渡された。遺体は神戸居留地外人墓地において駐日仏公使レオン・ロッシュ、駐日イギリス公使ハリー・パークスのほかオランダ公使ら在阪外交官立会いのもとに埋葬された。この葬儀の場で仏公使のロッシュは復讐を誓う。そしてロッシュは在阪各国公使と話し合い、下手人の処刑、陳謝、賠償などの5か条からなる抗議書を日本側に突きつける。これを拒絶し戦端が開かれれば日本側の敗北は明白であったため、明治政府は賠償金15万ドルの支払いと発砲した者の処刑などすべての要求を飲んだ。当時の国力の差は歴然としており、日本側としては無念極まりない思いで受け入れたのである。一方の土佐藩は警備隊長箕浦、西村以下全員を吟味したところ隊士29名が発砲を認めた。朝廷の岩倉具視らはフランスの要求には無理難題が多く、隊士すべてを処罰すると国内世論が攘夷に沸騰するとして処罰される者を減らすように要求した。フランス側との交渉の結果、隊士全員ではなく隊長以下二十人を処罰することで話はまとまった。そして、隊長の箕浦、西村ら4名の指揮官は死刑が決定し、残る隊士16名を事件に関わった者として選ぶこととなり、現在の大阪府大阪市西区にある土佐稲荷神社で籤を引いて決めた。そして3月16日、堺の妙国寺で土佐藩士20人の刑の執行が行われた。切腹に臨んで藩士たちは自らの腸を掴み出して居並ぶフランス水兵に投げつけ、大喝したのである。そのあまりの凄惨さに、立ち会っていたフランス軍艦長アベル・デュプティ・トゥアールは腰を抜かさんばかりに動転し、殺されたフランス水兵と同じ人数の11人が切腹したところで中止を要請した。その場に立ち会いこの惨劇を目にした駐日仏公使レオン・ロッシュは、何度も嘔吐を繰り返しその場から逃げ去ったとも言われている。その結果として、9人が助命された。一説には、夕暮れが迫り彼らは帰途の暗闇の中で襲撃されるのを恐れたからとも言われている。軍艦長トゥアール本人の日誌には、侍への同情も感じながら、この形での処刑は逆に侍が英雄視されると思い中断させたとある。かくして、切腹による自決の有り様は、その場に居合わせたフランス人はもとより、日本に駐在するイギリス、アメリカ、オランダなどの欧米各国の知るところとなった。「武士道」「侍」「切腹」の言葉とともに、日本人の美しさ、侍の勇気と潔さは瞬く間に世界中へと喧伝されたのである。そして、切腹した侍11名の墓は堺市内の宝珠院に置かれた。当時、その墓標には多くの市民が詰めかけ「ご残念様」と参詣し、生き残った九人には「ご命運様」として彼らの死体を入れるはずであった大甕に入って幸運にあやかる者が絶えなかったという。

かくして日本は開国し、それを機に多数の外国人が日本にやってくる。ここからしばらくは、幕末から明治初期にかけて来日した欧米人が、当時の日本という国をどのように思い受け止めていたのか、その感想を追ってみたい。

まずは、ルドルフ・リンダウ（１８２９年~１９１０年）というプロシャ人で、スイス通商調査団の団長として１８５９年に初来日し、１８６４年（文久４年）にはスイスの駐日領事を務めた人物の言葉を紹介する。彼は『スイス領事の見た幕末日本』という本を残しているが、以下はその一節で長崎近郊の農村での経験を書きとめた内容である。

「……。いつも農夫たちの素晴らしい歓迎を決して忘れないであろう。火を求めて農家の玄関先に立ち寄ると、直ちに男の子か女の子があわてて火鉢をもってきてくれるのであった。私が家の中に入るやいなや、父親は私に腰掛けるように勧め、母親は丁寧に挨拶してお茶を出してくれる。……最も大胆な者は私の服の生地を手で触り、ちっちゃな女の子がたまたま私の髪の毛に触って、笑いながら同時に恥ずかしそうに、逃げ出していくこともあった。幾つかの金属製のボタンを与えると、大変有り難うと、皆揃って何度も繰り返してお礼を言う。そして跪いて、可愛い頭を下げて優しく微笑むのであった。社会の下の階層の中でそんな態度に出会って、全く驚いた次第である。私が遠ざかっていくと、道のはずれまで見送ってくれて、殆ど見えなくなってもまだ、さよなら、また、みょうにちと、私に叫んでいる、あの友情の籠った声が聞こえるのであった」

また、こんな記述もある。１８７７から82年（明治10年代）に東京大学で生物学を講じ、大森貝塚を発見したエドワード・シルベスター・モース（１８３８年〜１９２５年）というアメリカ人が書いた『日本、その日その日』の中の文章だ。

「世界中で、両親を敬愛し老年者を尊敬すること、日本の子供に如くはない。日本の子供ほど行儀がよくて親切な子供はいない。また、日本人の母親ほど辛抱強く愛情に富み、子供に尽くす母親はいない」

今日の日本では、時として子供の虐待が新聞やテレビで報じられるが、それでも大多数の家族はこのような毎日を営んでいると思われる。また彼はこんなことも書き残している。

「外国人は日本に数か月いた上で、徐々に次のようなことに気がつき始める。即ち彼は日本人にすべてを教える気でいたのであるが、驚くことには、また残念ながら、自分の国で人道の名に於いて道徳的教訓の重荷になっている善徳や品性を、日本人は生まれながらにもっているらしいことである。……衣服の簡素、家庭の整理、周囲の清潔、自然及びすべての自然物に対する愛、あっさりして魅力に富む芸術、挙動の礼儀正しさ、他人の感情についての思いやり……これ等は恵まれた階級の人々ばかりでなく、最も貧しい人々ももっている特質である。……こう感じるのが私一人でない証拠として、我国社交界の最上級に属する人の言葉を借りよう。我々は数日の間ある田舎の宿屋に泊まっていた。下女の一人が、我々のやった間違いを丁寧に譲り合ったのを見て、この米国人はこれ等の人々の態度と典雅さは、我国最良の社交界の人々にくらべて、よしんば優れてはいないにしても、決して劣りはしないと、言うのであった」

この文章には、日本語の表現としていささか違和感を覚える言い回しもあるが、筆者としては翻訳者に敬意を払いそのままに書き写すことにした。

それはさておき、このモースと同じ時期に、日本を旅したイザベラ・バード（1831年～1904年）というイギリス人女性旅行家もいる。彼女はイギリスのヨークシャーで牧師の長女として生まれた。アメリカやカナダを旅し、1856年『The English woman in America』を書いている。25歳の時だ。その後も世界中を旅して歩き1893年には英国地理学会特別会員となった。彼女は1878年6月から9月にかけて通訳兼従者として雇った伊藤鶴吉を供として、東京を出発して日光から新潟へ抜け、日本海側から北海道に至る北日本を旅し、次の10月からは神戸、京都、伊勢、大阪を訪ねている。これらの体験を、1880年（明治13年）、『Unbeaten Tracks in Japan』の2巻にまとめて出版している。第1巻は北日本の旅行記で、第2巻は関西方面の記録である。本書は明治期の日本を知る貴重な文献とされているが、特に、アイヌの生活ぶりや風俗についての記述は明治時代初期の状況をつまびらかに紹介しており、このような文献は他にないとまで言われている。また彼女は、清国、クルディスタン、ペルシャ、チベットを旅し、さらに1894年から1897年にかけて、4度にわたり李氏朝鮮を訪れ、1898年には旅行記『Korea and Her Neighbours＝朝鮮奥地紀行』

として世に出している。先述のとおり、彼女が日光から北海道を旅した記録は１８８０年に『日本奥地紀行："Unbeaten Tracks in Japan』として刊行されているが、彼女は奥日光の男体山、華厳の滝などを訪れた後に街道の終点である湯元温泉にさしかかる。その書物の中で、彼女はその時の感想を以下のように述べている。以下は、『日本奥地紀行』からの抜粋である。

「強行軍だった今日の旅はすばらしい宿屋（吉見屋）で終わった。内も外も美しく、旅で汚れた人間よりは妖精たちにこそふさわしい宿だった。襖は鉋掛けした軽い板戸で良い香りがするし、真新しい畳は白っぽく、縁側は松材でよく磨かれている」

そしてこんな記述もある。

「私はそれから奥地や蝦夷を１２００マイルに渡って旅をしたが、まったく安全でしかも心配もなかった。世界中で日本ほど婦人が危険にも無作法な目にもあわず、まったく安全に旅行できる国はないと信じている」

これは最高の褒め言葉であり、それから１５０年経った今日でも日本を訪れるほとんどすべての外国人がこのようなことを口にする。こうした日本人の美点は今日までも、変わることなく脈々と受け継がれている。その一方で、彼女は次のような辛口の批評も残している。日光から新潟へ向かう途中のとある集落での光景である。

「この地方の集落の汚さはここに極まれりと感じられた。人々は木を燃やす煙で黒く煤けた小屋に鶏や犬や馬と一緒に群がるように住い、堆肥の山からは液体が井戸に流れ込み、男の子供たちはすっ裸だった。たいていの男は褌以外ほとんど身につけていなかった。女たちも上半身は裸で、腰から下に身に着けている腰巻も非常に汚く、単に習慣によって身に着けているだけのように思えた。大人たちには虫に刺された炎症が、子供たちには皮膚病が全身に広がっていた。家は汚かった。胡坐をかいたり、うつぶせになって寝転がんでいる姿を見ていると、未開人も同然だった。……中略……。彼らは礼儀正しいいし心優しいいし勤勉だし、重罪とは無縁である。しかし、日本人と談話してきた経験やここで今見ていることからすると、ここの人々の基本的な道徳水準は非常に低く、生き方が正直なわけでも清らかなわけでもないと判断するほかない」

このような農民たちの描写は、当時の日本の寒村における貧しい人々の生活振りを見たとおりに記したものだ。『日本奥地紀行』を読んだ筆者の感想は、見たこと聞いたことを率直に表現しており、内容の信頼度は高いということだ。ただ、これは欧米の知識人が見た有色人種への感想であり、人種差別的な偏見や蔑視が随所にうかがえるのは、当時の世界情勢からしてやむを得ないところか。なお、牧師の長女に生まれ20歳代から単身で世界中を旅したイザベラ・バードという女性は、その視点や文章（日本語訳ではあるが）からして、謹厳実直で強固な意志と明晰な頭脳のもち主であったことは推測できる。

また、ツンベルグが称賛した「日本の工芸品の美しさ」「日本人の物つくり」を、明治の時代にあらためて世界中に紹介してくれた女性がいる。アリス・ベーコン（１８５８年~１９１８年）というアメリカ人で、１８８１年（明治14年）に華族女学校（現在の学習院大学）に招かれ英語を教えていた彼女は、『明治日本の女たち』という本を書いて出版している。以下に紹介するのはその一節「田舎の暮らし」からの抜粋である。

「平民階級を語る上で忘れてはならないのは、その多くを占める職人である。日本が芸術や造形、色彩の美しさを大切にする心がいまだにある国として欧米に知られているのは、彼らの功績である。職人はこつこつと忍耐強く仕事をしながら、芸術家のような技術と想像力で、個性豊かな品々を作り上げる。買い手がつくから、賃金がもらえるから、という理由で、見本を真似して同じ形のものや納得できないものを作ることは決してない。一方、アメリカの工場で労働者によって作り出されるあらゆる装飾は、貧しい人が使う安物でさえも、上品で美しく仕上げてしまう。アメリカの貧困層は最悪の趣味のものに囲まれて生活するか、まったく装飾がほどこされていない家具や台所用品を購入する以外ない。優美なデザインの品物は珍しいので値段も高く、金持ちしか手に入れることはできない。だから、私たちアメリカ人にとって、安いことは下品であることを意味する。しかし、日本ではそうではない。優美で美しくても、とても安価なものもある。あらゆるものに優雅で芸術的な感性が見られる。もっとも貧しい平民でさえも、人間の本能である美的感覚に訴えかけるようなちょっとした品を所有している。もちろん、日本の高価な芸術品は職人の才能と丁寧な仕事をよく再現している。しかし、私が感心したのはそのような高級品ではなく、どこにでもある、安い日用品であった。貴族から人夫にいたるまで、誰もが自然のなかにも、人が作り出したものにも美を見出し、大切にしている。安価な木版画、藍や白の手ぬぐい、毎日使われる急須と茶碗、農家のかまどで見かける大きな鉄製のやかんは、大名屋敷の蔵にしまわれている豪華なちりめん布、銀の香炉、繊細な磁器、優雅な漆器に劣らぬほど美しく気品がある。高価な品々は言うまでもないが、こうした物の存在は、日本で広く美の感性が共有されていることを示している」

と、書いてある。日本が物つくりで成功しているのは、大和民族の血筋とさえ言えるものだ。彼女はまたその書の中の他の章である「侍の女たち」で、赤穂義士や幕末の会津戦争にも触れている。義を守るために死にゆく夫や父親を支え、その名を恥ずかしめまいと自分の命さえ投げ出す女性たちの姿を、彼女は驚嘆の思いをもって描いている。その中でも、会津藩士の娘に生まれその時8歳で生き残った、という女性の話は涙なくしては読み切れない。会津松平家の家中では、わずか8歳の女の子までがここまでの覚悟をして戦っていたのだ。その思いは、あまりに美しく潔い。23歳という年齢で日本に招かれたアリス・ベーコンというアメリカ人女性は、きっと日本という国を尊敬して、恋に落ちてしまったとさえ筆者は思う。アリス・ベーコン著『明治日本の女たち』（みすず書房）を、一読されることをお薦めしたい。

次に紹介するのは「地域の絆」と、言えるものだ。メアリ・クロフォード・フレイザー（1851年〜1922年）という女性が書いた『英国公使夫人の見た明治日本』の中の一文だ。彼女は駐日英国全権大使夫人で、1889年（明治22年）に来日している。この間、明治天皇ご夫妻にも謁見し、日光、鎌倉、江の島、軽井沢にも出向いている。そして1894年に帰国するが、その時、

「……もはや住まなくなったふるさと日本……」

という言葉を残している。わずか5年の滞在でこんな言葉を残したメアリ・クロフォード・フレイザーという女性の、日本への思い入れの深さが伺えるのである。こうして書き連ねてみると、彼女より340年も昔に来日したポルトガル人宣教師フランシスコ・ザビエルの言葉が浮かんでくる。それはともかくとして、以下に紹介するのは1890年（明治23年）に鎌倉の海岸での網漁の様子を記述

したものである。
「美しい眺めです。……青色の綿布をよじって腰に巻きつけた褐色の男たちが海中に立ち、銀色の魚がいっぱい躍る網を伸ばしている。その後ろに夕日の海が、前には暮れなずむビロードの砂浜があるのです。さてこれからが、子供たちの収穫の時です。そして子供ばかりでなく、漁に出る男のいないあわれな後家も、息子をなくした老人たちも、猟師たちのまわりに集まり、彼らがくれるものを入れる小さな鉢や籠を差し出すのです。そして食用にふさわしくても市場に出すほどよくない魚はすべて、この人たちの手に渡るのです。……物乞いの人にたいしてけっしてひどい言葉が言われないことは、見ていて良いものです。そしてその物乞いたちにも、砂丘の灰色の雑草のごとく貧しいとはいえ、絶望や汚濊《おさい》や不幸の様相は無いのです。施し物の多少にかかわらず、感謝の言葉があっさり、しかもきちんと言われます。そして、たとえ施し物がなくても、決して不平を言ったり嘆いたりはしないのです」

これこそが家族の絆、そして地域社会の助け合いというものだ。家族が仲良く寄り添ってともに生き、相手を尊重する気持ちである。日本の豊かな自然と、それを大事にする日本人の姿が伝わってくる。老人や後家さんに魚を分け与える漁師の姿こそ、一家を支える男の強さとプライドというものだ。それと、弱者である人々が感謝の気持ちを有し、不平不満を言わないことには感心するのである。これこそが理想的な共産社会だと確信するのだ。共産社会と言っても、19世紀半ばにドイツに生まれイギリスに亡命したカール・マルクスが唱えた共産主義とは全く異質なものだ。ここには資本家による搾取など、どこにもない。支配する側、される側の身分差別もなく、被害者意識や妬み僻みそして敵意と憎しみとも無縁の社会だ。血の暴力革命など不要な、貧しくても心豊かで平和な日本の姿なのだ。このような日本の社会そして日本人の思いこそが、世界中の人々を魅了しているのである。それで、その感謝の気持ちだが、これも間違いなく今日の日本で生き続けている。オリンピックで活躍し、メダルを獲得した選手が口にする言葉がこれだ。

「ここまで支えてくれた両親とコーチに、そして応援してくれた日本の皆さんに心から感謝しています」

幕末から明治にかけて、欧米各国から日本を訪れた人々は多い。そのほとんどが、このように日本のことを素晴らしい国と賞賛しているのである。なかでも特筆すべきは、彼らの多くが外交官や大学教授であり欧米を代表する知識人であることだ。当時の日本は、貧しく名もない末端の庶民が日常のさりげないしぐさや行動で、かくなる欧米の上流階級の人々を魅了し驚嘆させている。子供のレベルや母親の子供にそそぐ愛情は世界一だ、とまで言い切っている。親や周囲が自分を大切にしてくれるのだから、子供たちだって親や周囲を大切にする。周囲が礼儀正しいから、子供たちはそれを見習っているのだ。そして、日本人なら誰もが安心して素直になれるというわけだ。地域の絆を大切にし、子供たちを守り育てる私たち日本人の思いは、21世紀の今日でも町内会や子供会という地域活動として引き継がれ、立派に息づいているのである。

第2章　海外へと羽ばたく日本人

幕末になって開国した日本には多数の外国人が訪問してくるが、その反面で鎖国を解くということは日本人が海外へと雄飛するきっかけともなった。この第2章では、

「海外へ出かけた日本人が、その地でどのように振る舞ったのか」

「そんな日本人たちは、現地でどのような評価を受けたのか」

を、ここではいくつかの例を挙げて検証したい。

幕末から明治にかけての日本の最大の懸念と目標は、インド、中国、ベトナム、フィリピンなどアジア各地を次々と植民地化する欧米列強から、日本の独立を守ることであった。そして日米和親条約などの不平等条約を改善することでもあった。そのために明治政府は国策として富国強兵を目指したのであり、彼らと肩を並べるためにも、欧米各国との交わりを深めその文化をも取り入れざるを得なかった。当時の日本政府の対外政策の根底には、常にこのような意識があったのだ。一方、この時代のヨーロッパでは、逆に日本の文化が熱烈に受け入れられていた。来日した人々がもち帰った浮世絵や工芸品などが彼らを大いに魅了し、特にフランスでは印象派の画家であるポール・セザンヌ、フィンセント・ファン・ゴッホらがその画風に取り込んでいた。セザンヌの代表作の一つ「サント＝ヴィクトワール山と大きな松の木」は松の木を前面にうちだし、その背景にサント＝ヴィクトワール山を描いているが、これは日本の浮世絵「葛飾北斎の富嶽三十六景」から学んだ構図と言われている。セザンヌは印象派の巨匠と称されるが、日本人の葛飾北斎はその師匠だったというわけだ。ちなみに、その北斎は１９９９年にアメリカのライフ誌が選んだ「過去１０００年の間にもっとも重要な功績を残した世界の人物１００人」の中に、日本人として唯ひとり選ばれている。

そのような風潮、すなわち日本趣味は「ジャポニズム」と呼ばれた。クロード・モネが１８７６年に描いた「ラ・ジャポネーズ（日本女性）」は、その夫人に着物を着させその手に扇子をもたせているが、この絵は彼の代表作として広く知られている。まさしくこの時期、欧州では万国博覧会が開催されている。１８６７年４月１日から11月３日に催された第２回パリ万博には、日本からは徳川幕府、薩摩藩、佐賀藩らが出展しているが、その年の11月９日には、第15代将軍徳川慶喜が京都二条城で大政奉還をしたのである。また１８８９年の第４回パリ万博では日本画家の久保田米僊《べいせん》が「水中遊漁」で金賞を受賞している。

だが開国した後の日本は、極東アジアに迫り来る西欧列強に対抗するため、様々な紛争や戦争に巻き込まれていく。そのきっかけとなるのが、隣国の支那と朝鮮である。ちなみに、筆者はこの文章において現在の中国と呼ばれる隣国を表現する場合、「中国」と「支那」とで使い分けることにしている。その違いは、現在の政権（王朝）を指すときには「中国」と呼び、古来よりあるあの地域とそこに住む人々を総称するとき「支那」と表現するのである。支那という呼び方は中国に対する蔑称だと誤解している人もいるが、決してそうではない。今日、当の本人たちはその国名である中国すなわち中華人民共和国を英語では「People's Republic of China」と称している。彼ら自身が自分の国を「China」と呼び、そのChinaを日本式に発音すると「シナ」となり、漢字では「支那」と表現するのである。したがって、英語での国名表記を日本語で書くならば「支那人民共和国」と表現すべきだろう。我が国の「日本」という国名に相当するのが「支那」なのだ。その具体的な根拠は、尖閣諸島周辺の日本領海に侵入する中国の沿岸警備艇の船体に、「CHINA COAST GUARD」と書いてあることにある。直訳すれば「支那沿岸警備隊」となるのだ。また、その時代の政権の所在地に応じて日本では平安時代、鎌倉時代、室町時代、江戸時代などと呼称している。同じように支那もその時代によって、唐、明、清、中華民国、中華人民共和国などと呼ばれているが、このような呼称はすべてがその時代限りの王朝名なのだ。支那という国は、武力で国を統一した皇帝が独裁的に国を支配してきた。そして、未だかって民主的な選挙によって選ばれた政権は存在しない。いずれにせよ、それらはその時代限りの呼称なのだ。今日、香港はじめ中国に住む多くの人々は支那共和国とでも改名し、それにふさわしい国になることを希望している。民主的な選挙によって誕生した政権を待ち望んでいるということだ。確かに、そのような報道やニュースを目にすることは多い。結局のところ、「その昔には唐とか明と称し、今日では中国と美称する支那という国」と、まあこんなことなのである。ちなみに、日本自体が中国と称する時代もあった。古事記に書かれる大国主命の国譲り伝説では、天照大神に葦原中国《アシハラノナカツクニ》（すなわち日本のこと）を譲ったことになっている。ちなみに、日本で中国と言えば、それは昔から岡山県や広島県あたりを指す呼称なのであって、これは国譲り伝説の名残とも言われている。

そしてもう一つの国「朝鮮」の国名についても言及したい。高麗を打倒して李氏朝鮮の初代国王となった李成桂（１３３５年～１４０８年）は、国号を変更するとして「朝鮮＝朝の静けさの国」と「和寧＝平和の国」の二つの国名を候補として明の洪武帝に選んでもらったという。「和寧」とは北元の本拠地カラコルム（現在のモンゴルのウブルハンガイ県にある都市）の別名であった。李成桂その人はもともと元（モンゴル）の武官であったが、１３５７年から高麗の武官に転身しその国を奪い取った男だ。このように考えれば、李氏朝鮮という時代は、元（モンゴル）によって支配されていたとも言える。で、明の洪武帝は「和寧」という国はその昔、前漢の武帝にほろぼされた王朝（衛氏朝鮮）の名前だとして、平壌付近の古名である「朝鮮」を選んだ。そして、李成桂を権知朝鮮国事に封じたことにより、朝鮮は正式な国号となった。要するに朝鮮という国名は宗主国である明の皇帝から頂いた名前であり、それを有難く拝領して李成桂自身が属国朝鮮の国王に任ぜられたということだ。その宗主国と属国の関係は、今日までも脈々と続いている。ちなみに「鮮」という字には少ないという意味もあり、当時の明では、「朝鮮とはすなわち朝貢の少ないけちでしょぼい国」と、されていたという説もある。

話は横道にそれたが、支那は中華思想と儒教に染まった国だ。中華思想とは中国の王朝こそが宇宙の中心であり、その文化と思想が神聖なものであると自負する考え方で、漢民族が古くからもち続ける自民族中心主義の思想である。自らを夏、華夏、中国などと美称し、王朝の庇護下にはない周辺の辺境の異民族を文化程度の低い蛮族とみなして、東西南北の四方にある異民族について四夷という蔑称を付けていた。日本など東方に位置する国は東夷《とうい》と呼んで貉扱《むじな》いし、西域と呼ばれた国は羊を放牧する人という意味で西戎《せいじゅう》と呼び羊と同類視した。北方に位置する匈奴・鮮卑・契丹・蒙古などは北狄《ほくてき》と称し、犬の仲間としていた。そして東南アジア諸国や南方から渡航してきた西洋人などを南蛮《なんばん》と呼び、これは虫けらという意味の蔑称だ。もう一方の儒教は、簡単に言えば「長幼の序列意識」「親孝行」「形式の尊重」「学問の尊重」「男女有別」を説く教えだ。これは現在の中国、韓国そして日本でも基本的に同じだが、支那と朝鮮では、長幼の序列意識、親孝行、男女有別が徹底され、親や年長者は尊敬して従うべき存在で、子や年少者は絶対服従と言えるほど徹底していた。また、女性を不浄視し奴隷同様な扱いをしていた。それで先述のツンベルグの文章のように、支那では女性を家に閉じ込めたりしていたのである。そして、もう一つの朝鮮にはこんな諺がある。

「女は三日殴らないと狐になる」

「梨の腐ったのは娘にやり、栗の腐ったのは嫁にやる」

まったくのところ、我々日本人の感覚や生活習慣ではありえない言葉であり扱いだ。その一方で、日本には女性を讃えるこんな言葉がある。「かかぁ天下」「女房の尻に敷かれる」「奥方様」などだ。同じ儒教でも、日本と支那や朝鮮とでは、こんなにもかけ離れているのだ。加えて朝鮮には事大主義という考え方がはびこっている。この意味は、「大きいもの、強いものについて媚びへつらいその庇護の下で生きていく」と、いうことだ。朝鮮とはこのようにして支那の属国に甘んじて生きてきた国であり、その支那は中華思想と儒教の影響で、異民族を見下して常に自国の領土拡大を狙い、弱者を徹底的にたたく国なのである。支那という国には「水に落ちた犬をたたく」という諺があるが、チベットやウイグルなど周囲の弱小な国々を侵略し、その諺どおりに実行している。また、南シナ海にも進出し、ベトナムやフィリピンからの反感を買っている。もうひとつの朝鮮という国は儒教の教えに惑わされ、支那が父で日本は弟と勝手に思い込んでいる。日本を見下し小ばかにしているのだ。そして、2000年以上も支那に支配されてきた朝鮮には事大主義が根付き、支那はもとよりロシア、そして日本とその時その場の強いものの顔色をうかがってきた。このような支那と朝鮮の「儒教」「中華思想」「事大主義」などに関する説明は、アメリカ人弁護士にして日本でタレントとして活動するケント・ギルバート氏の著書『儒教に支配された中国人と韓国人の悲劇』（講談社）に詳しい。

さて、このような国々を相手にする日本は、朝鮮に対して明治新政府の発足を通告し国交を希望した。だが朝鮮側はこれを拒否し、日本側の要求に対して政権の座にあった国王（高宗）の父の大院君は、

「日本夷狄に化す、禽獣と何ぞ別たん、我が国人にして日本人に交わるものは死刑に処せん」

という布告を出し、日本を禽獣と同じとしている。これこそ支那にこびへつらい中華思想に毒された言い分で、朝鮮のことを小中華と呼ぶ所以だ。このような朝鮮側の尊大かつ無礼な態度に対して、日本では「征韓論」が巻き起こり西郷隆盛や板垣退助がその先頭に立って、朝鮮出兵を進言した。だが、岩倉具視や木戸孝允らはそれに反対し、最終的には明治天皇の裁定にて朝鮮出兵は見送られ、西郷と板垣は下野することになる。1873年（明治6年）のことである。そして日本は朝鮮半島の利権をめぐって支那（清）と対立し、日清戦争へと突き進む。1894年6月、朝鮮の内乱（甲午《こうご》農民戦争）をきっかけに朝鮮半島に出兵した日清両国が、8月1日に宣戦布告し戦争状態に突入する。その原因について開戦を主導した外務大臣陸奥宗光は、後に、

「日本側の戦争目的は、朝鮮を清国から独立させることにあった」

と、回想している。この戦いを有利に進めた日本は朝鮮半島、遼東半島を占領した。そして1895年4月、下関にて日清講和条約が調印され、戦いに勝利した日本は朝鮮の独立を清に認めさせる。その上さらに、清から領土（遼東半島・台湾・澎湖列島）と多額の賠償金を得ることとなった。

こんな最中の1890年、エルトゥールル号遭難事件が起きる。その年の9月16日夜半にオスマン帝国（その一部が現在のトルコ）の軍艦エルトゥールルが、現在の和歌山県串本町沖の紀伊大島の樫

野崎東方海上で遭難し、500名以上の犠牲者を出した事件である。1887年に、皇族である小松宮夫妻がイスタンブールを訪問したことへの答礼として、オスマン帝国海軍の木造フリゲート艦エルトゥールル号が訓練を兼ねて大日本帝国へ派遣された。1889年7月14日にイスタンブールを出港し、翌1890年6月7日に日本に到着する。横浜港に入港したエルトゥールル号の司令官オスマン・パシャを特使とする一行は、6月13日に皇帝親書を明治天皇に奉呈し、オスマン帝国最初の親善訪日使節団として歓迎を受けた。だが、エルトゥールルは長い航海で船体が消耗し、乗員も疲れ切っていた。多くの乗員がコレラにかかっていたのだ。その上、資金も不足し物質面でも限界に達していた。それでも、9月15日には横浜を出港することになった。遠洋航海に耐えないエルトゥールルの消耗ぶりをみた日本側は、台風の時期をやり過ごすように勧告したが、余裕のないオスマン帝国側はその制止を振り切って帰路についたのである。そして、その翌日の9月16日21時頃、折からの台風にあおられ紀伊大島（現在の和歌山県串本町）の樫野崎沖の岩礁に激突し座礁する。エルトゥールル号は機関部に浸水して水蒸気爆発を起こし、22時半頃に沈没した。こうして司令官オスマン・パシャ以下600名以上が海へ投げ出され、樫野埼灯台下に流れ着いた生存者の内、約10名が数十メートルの断崖を這い登って灯台にたどりつく。灯台守は応急手当を行ったが言葉が通じず、国際信号旗を見せてオスマン帝国の軍艦であることを理解した。これを知った大島村樫野の住民たちは、総出で救助と生存者の介抱に当たった。この時は台風で出漁できない日が続き、食料の蓄えもわずかだったにもかかわらず、住民は浴衣などの衣類、卵やサツマイモ、それに非常用のニワトリすら供出するなどして、生存者たちの救護に努めた。こうして樫野の寺、学校、灯台に収容された69名が救出された。だが、残る587名は死亡または行方不明という大惨事となったのだ。遭難の翌朝、事件は樫野の区長から大島村長の沖周《おきしゅう》に伝えられる。その後、付近を航行中だった船に大島港へ寄港してもらい、生存者2名が連絡のため神戸港に向かった。神戸港に停泊中だったドイツ海軍の砲艦ウォルフが大島に急行し、生存者は神戸に搬送されて病院に収容された。沖村長は県を通じて大日本帝国政府に通報し、知らせを聞いた明治天皇は政府に対し可能な限りの援助を行うよう指示した。各新聞は衝撃的なニュースとして伝え、義捐金や弔慰金が寄せられた。遭難事故の20日後の10月5日に、日本海軍のコルベット艦比叡と金剛が東京の品川湾から出航して神戸港で生存者を分乗させ、翌年の1891年1月2日にオスマン帝国の首都イスタンブールに送り届けた。なおこの2隻には、秋山真之ら海兵17期生が少尉候補生として乗り組んでいた。秋山真之は後の日露戦争において、日本海海戦の作戦参謀としてロシアのバルチック艦隊を殲滅するT字作戦を立てたその人である。こうして、エルトゥールル号遭難事件は日本とトルコの友好関係の起点として記憶されるようになった。そして時は流れて、1985年のイラン・イラク戦争でイラクのサダム・フセイン大統領は、イラン上空を通過する航空機に対する無差別攻撃を宣言した。各国は期限までにイラン在住の自国民を軍用機や旅客機で救出したものの、日本国政府は自衛隊の海外派遣不可の原則のために、航空自衛隊機による救出作戦ができなかった。その上さらに、当時日本で唯一国際線を運航していた日本航空は、

「イランとイラクによる航行安全の保証がされない限り臨時便は出さない」

とし、イラン在住の日本人はイランから脱出できない状況に陥った。混乱の最中、野村豊イラン駐在特命全権大使は、トルコのビルレル駐在特命全権大使に現地日本人の窮状を訴えた。それに応えて

ビルレルは、

「ただちに本国から、救援機を派遣させます。トルコ人なら誰もが、エルトゥールル号の遭難の際に受けた恩義を知っています。ご恩返しをさせていただきましょう」

と、答えたのだ。ビルレルからの要請を受けたトルコ航空は、自国民救援のための旅客機を2機に増やし、オルハン・スヨルジュ機長らがフライトを志願した。215名の日本人はこれに分乗し、全員トルコ経由で無事に日本へ帰国できたのである。この実話は日本とトルコの合作映画『海難1890』として、2015年12月に公開された。また、小説や漫画にもなっている。樫野埼灯台そばには、エルトゥールル号殉難将士慰霊碑およびトルコ記念館が建っており、串本町と在日本トルコ大使館の共催による慰霊祭が5年ごとに行われている。また新任の駐日トルコ大使は皇居での信任状奉呈式が終わると、日本での最初の公務として、樫野埼灯台の付近にある慰霊碑を訪れることが慣行となっている。

さて、日清戦争に勝利して遼東半島を手にした日本に対して、ロシア帝国を先頭にフランス、ドイツ帝国が介入してくる。1840年、イギリスは清国に対して「阿片戦争」と呼ばれる戦争をしかけ、1842年の南京条約によって香港などを割譲させた。これを機にしてイギリス、アメリカ、フランス、ドイツ、ロシアなど欧米列強は清国の分割統治を目論んでいた。このような欧米諸国にとって、日本の台頭は大きな脅威、眼の上のたんこぶとなったのである。特に強硬だったのが、清国と国境を接するロシア帝国だった。ロシアは南下政策を進め満州からの極東へと進出していたが、その足場として太平洋につながる不凍港を欲しがっていた。その候補地である遼東半島を、清との戦争に勝利した日本がその領土としてしまったのである。これに対してロシアはフランスとドイツを仲間に引き込み、日本に対して遼東半島を返還するよう要求してきた。歴史上、これを「三国干渉」と呼ぶ。そして、日本はこれに屈し遼東半島を返還する。４月17日の下関条約から１か月も経たない５月４日のことだ。一方、その後を狙ったロシアは遼東半島の先端に位置する旅順を清国より租借する。かくして、ロシアは念願の不凍港を手にしたのである。怒りに燃える日本とその国内にはロシアへの憎悪の念が高まり敵意が広まって、後の日露戦争へとつながっていくのであった。またこの結果、隣の李氏朝鮮では日本の軍事的、政治的権威が失墜してしまった。その一方では、閔妃《びんひ》（李氏朝鮮の第26代王、高宗の妃）など親露派が台頭したのである。朝鮮という国は、清に従属しながらも日清戦争で勝利した日本に媚びへつらい、次はロシアの顔色をうかがう。常に強国の後を追う朝鮮民族の事大主義は、現在も中国、ロシア、アメリカ、そして日本の間で揺れ動いている。

　こうした国際環境の中で、１９００年には後に国際連盟事務次長を務める新渡戸稲造がアメリカ合衆国にて『武士道』を出版する。内容は武士の行動規範について書かれたものであり、その骨子は以下のようになる。

「武士道の精神は仏教、神道そして儒教が元になっていること。武士道で求められることは、仁・義・礼を重んじること、すなわち、人を思う心、正義を貫く心、そして、相手に対する思いやりの心、そして主君への忠誠心である。あらゆる困苦や逆境にも、忍耐と高潔な心で立ち向かうことが武士道の教えであること。刀は武士の魂でそれをもつことの名誉と責任、そして、切腹という行為は、自身の誠実さを証明する最後の手段であること。それに加えて、武家の女性としてのたしなみと心がけが示されている」

こんな内容であるが、この本は瞬く間に大評判となり、世界中に翻訳されて広く知られるようになった。そして、アメリカの第26代大統領セオドル・ルーズベルトや、第35代大統領のジョン・F・ケネディに大いなる感銘を与えた。ルーズベルト大統領はこれを読んで、

「日本人の徳性をよく知ることができた」

と絶賛し、新たに30冊を購入し5人の子供に1冊ずつ与え、政府高官や友人知人にも配って、読むように勧めたという。そして子供たちには、

「日本の武士道の高尚な精神は、我々アメリカ人が学ぶことだ。お前たち5人は武士道を処世訓とせよ」

と、まで言ったそうだ。欧米人が、日本から帰国した祖父や父から話に聞いていた日本の「武士道精神」「侍」「切腹」について事細かに説明した本書は、彼らを大いに刺激し熱狂させたのである。

その新渡戸稲造は陸奥国岩手郡（現在の岩手県盛岡市）に、藩主南部利剛の用人を務めた盛岡藩新渡戸十次郎の三男として生まれた。武士として生を受けながら、彼がわずか4歳の時に世は明治へと変わり、本来の武士の姿はなくなっていく。稲造の書いた『武士道』の中には、こんな記述もある。

「武士道は当初、エリートの栄光として登場した。だが、やがて国民全体の憧れとなり、その精神となった。庶民は武士の道徳的高みにまで達することはできなかったが、大和魂すなわち日本人の魂は、究めるところこの島国の民族精神を表すにいたった」

稲造は本来ならば侍として自分自身が実践すべき武士道を、間違いなく誇りに思っていた。それは

すなわち、武士の八徳と言われる「義、勇、仁、礼、誠、名誉、忠義」を守り実践することだ。彼はそれを自分自身の処世訓として、また、侍として生きることができなくなった我が身を口惜しく思いこの書物をものしたに違いない。彼は自分自身の有るべき姿を、侍としての思いのたけを『武士道』という書物にぶつけたのである。

そして1904年2月8日、日露戦争が勃発する。大日本帝国とロシア帝国は朝鮮半島とロシア主権下の満洲南部そして日本海を主戦場として戦った。日本にしてみれば、ロシアの南下政策に対して主権と独立を守るための戦いだ。それに対するロシア側の言い分は、満洲および関東州の租借権、鉄道敷設権などの利権を確保し、満州に軍を駐留させることであった。日本を支援したのはイギリスにアメリカ、ロシアにはフランス、ドイツが加担した。この時、清国と大韓帝国と称する李氏朝鮮は日本につくか、ロシア側へとなびくかで分裂していた。李氏朝鮮の国王高宗はロシアに擦り寄り、改革派知識人の進歩会は日本への併合を希望し日本軍に協力した。日露の戦いは203高地の戦いで知られる旅順攻略、バルチック艦隊を殲滅した対馬沖の日本海海戦などの勝利で、日本に有利に進んでいた。だが、当時の日本とロシアとではその国力に圧倒的な差があり、戦争が長引けば日本国内は疲弊し経済的にも破綻する可能性があった。また、ロシア側にしてみれば、バルチック艦隊を失い制海権を日本に奪われた以上、それ以上の戦いは望むべくもなかった。ロシア国内では、日本軍に対する相次ぐ敗北と帝政に対する民衆の不満が増大し、国民の間には厭戦気分が蔓延し併せて経済も停滞の一途をたどっていた。それに加えて、1905年1月9日には「血の日曜日事件」が発生した。ロシア帝国の首都サンクトペテルブルクで行われた、労働者による宮廷への平和的な請願行進に対し、政府によって動員された軍隊が発砲して多数の死傷者を出した事件で、ロシア革命のきっかけとなったとされる。この背景には日本軍の明石元二郎大佐による革命運動への支援工作があった。こうして、ロシア側もまた戦争継続が困難な情勢となっていた。このような事情で、両国はアメリカ合衆国の仲介で終戦交渉に臨み、１９０５年9月5日に締結されたポーツマス条約により講和した。日露両国の間に立ったアメリカ大統領は、武士道に心酔したセオドル・ルーズベルトであった。もともとアメリカは日露戦争において日本側に立っていたので、講和交渉は日本に有利に進められた。その結果、ロシア領の南樺太は日本領となり、さらに東清鉄道のうちの旅順―長春間の南満洲支線と、付属地の炭鉱の租借権、関東洲の租借権などを獲得した。このような日本の勝利は、欧米各国が示したロシア有利との戦前予想をくつがえすだけでなく、バルチック艦隊が壊滅するという結果は欧米列強を驚愕させたのである。また、トルコのように長年にわたりロシアの脅威にさらされた国、ポーランドやフィンランドのようにロシアに編入された地域、そして白人による植民地支配に苦しんできたアジア各地の民衆を熱狂させたのである。では、この時の世界中の感動ぶりを見てみよう。

まずは、インド独立の父ネールが14歳のときの言葉だ。

「日本の戦勝は、わたしを熱狂させた。新しいニュースを見るために毎日、新聞を待ちこがれた。わたしは剣をとってインドのためにたたかい、インドを独立させた英雄になることを夢見た」

インドの革命家ビハリ・ボースは次のように語った。

「東洋はこの戦勝によって目覚めた。トルコをはじめとしてフィリピンまでもが、民族として立ち上がろうと希望をもったことは歴史の事実だ」

中国革命の父、孫文の語った言葉は、

「弱小国の日本が強くなりロシア帝国を打ち破ることができたことは、わたしの精神に最も大きな刺激を与えた。そこで母に許しを願い、日本で学ぶことにした」

エジプト民族運動の指導者　ムスターファ・カミールも語っている。

「日本人こそは、ヨーロッパに身のほどをわきまえさせてやった、ただ一つの東洋人である」

アメリカの黒人たちは、『カラード・アメリカン・マガジン』という雑誌でこう語った。

「日本の行動の最も重要な点は、アジアとアフリカに考えるべききっかけを作ったことだ」

アメリカの公民権運動家は、

「日本が白人優位の人種神話を葬り去った」

と全米で演説した。

オックスフォード大学講師アルフレッド・ジンマーもこのように語っている。

「本日のギリシャ史の講義は中止する。その理由は、現代の世界で起こった、あるいは、これから起こると思われる歴史的に最も需要な大事件について、みなさんに話をしなければならないからである」

このように日本の勝利は世界中に衝撃を与え、白人に支配されてきた有色人たちを奮い立たせたのだ。だが、これだけではない。日本という国と日本人は、日露戦争のさなかに捕虜になったロシア兵に対して、さらに驚くべきことをしていたのである。その大略を以下に記すが、はたしてこんなことが日本以外の国で起こりえるのだろうか。

英国人のハーバート・G・ポンティング（1870~1935年）という写真家がいる。彼は

1901年から1902年にかけて何度か来日し、日本中を旅して日本の芸術や風物、自然に親しみ、日本を正確に理解していた数少ないイギリス人であった。ポンティングは1910年に『この世の楽園日本：In Lotus —— land Japan』と題する写真集をロンドンで発行した。彼はまた1910年から1913年にかけて、ロバート・スコット率いる南極探検隊に同行した写真家、映画撮影技師であったことでも知られている。そんな彼は、王立地理学会「the Royal Geographical Society（FRGS）」のフェローにも選出されている。そしてポンティングは、『英国人写真家が見た明治日本』という本も書いている。この本では、外国人として初めて日本陸軍に従軍し、日露戦争に参加して軍人を通して日本人の赤裸々な姿に触れている。また、数年に及ぶ日本滞在で東京、京都、富士山、江の島などを訪れているが、その経験から得た日本観、日本人観が浮彫りにされている。その書物には、こんな記述がある。広島の陸軍病院を見学し、その後、四国の松山で目にしたことだ。

「3週間近くの間、私は毎日の大半を、2万人以上の負傷兵が収容されているこの病院の方々の病棟で過ごした。その後、松山にあるロシア人捕虜のための病院で1週間過ごした後で、日本の看護婦こそまさに慈愛に溢れた救いの女神だと、心底から感じたのである。その優しい心遣い、病院の中を妖精のように素早く動き回る優雅な動作、病人の希望にすぐに応じられるような絶え間ない心配り、疲れを知らぬ気力と献身、その忍耐と熱意、患者に対する丁寧な態度、包帯を洗って交換する介抱ぶり、こういったものすべてが、日本の婦人は世界のどこの婦人たちにも負けない女性としての最高の美徳に溢れていることを示している。彼女たちはかくも気高く、かくも誠意をこめて、義務と人間愛の要請に応えたのだ」

「ある日私は、回復期の患者を温泉に送って、そこで完全に回復させるための輸送列車を見ようと駅に出かけた。プラットフォームに立っていると、そこにロシア軍の捕虜を満載した列車が到着した。中には乗っていた捕虜の全員が戦争から解放された喜びで、大声で叫んだり歌を歌ったりしていた。中には小型のアコーディオンを鳴らしているものもいた。駅の構内全体に喧騒が満ち溢れた。ちょうどそのとき、反対の方向から別の列車が入ってきた。それは日本の兵士を満載した列車で、兵士たちは前線に行く喜びで同じように歌を歌っていた。ロシア兵と日本兵はお互いの姿を見るや否や、どの窓からも五、六人が頭を突き出して、皆で歓呼の声を上げた。ロシア兵も日本兵と同じように懸命に万歳を叫んだ。列車が止まると日本兵は列車から飛び出して、不運（？）な捕虜のところへ駆け寄り、煙草やもっていたあらゆる食物を惜しみなく分け与えた。一方、ロシア兵は親切な敵兵の手を固く握りしめ、その頬にキスしようとする者さえいた。私が今まで目撃した中でも、もっとも人間味溢れた感動的な場面であった」

「松山で、ロシア兵たちは優しい日本の看護婦に限りない称賛を捧げた。寝たきりの患者が可愛らしい守護天使の動作の一つ一つを目で追うその様子は、明瞭で単純な事実を物語っていた。何人かの兵士が病床を離れるまでに、彼を倒した弾丸よりもずっと深く、恋の矢が彼の胸に突き刺さっていたのである」

これは日露戦争の最中に、何の利害関係もない英国人が見たことをそのままに書いたものである。嘘や誇張があるとは思えないが、にわかには信じられない話ではある。そして、ポンティングもまた日本との恋に落ちてしまった。一人の男性として、日本女性をべた褒めにしているのである。彼が日本と日本人に注ぐ眼差しはとても優しく、同じイギリス人であるイザベラ・バード女史のような、どこか突き放し見下したような表現や東洋人への蔑視は感じられない。もっともこれは、日本語への訳し方の問題かもしれないが。だが、これこそが日本人というものだろう。ハーバート・G・ポンティング著『英国人写真家の見た明治日本：この世の楽園』もまた、お薦めしたい一冊ではある。

日露戦争に勝利した日本は1905年10月、満洲軍総司令官下に関東総督府を設置し軍政を敷いた。そして1906年11月に、南満洲鉄道が設立された。その鉄道守備隊はのちに関東軍となる。これ以降、南満洲鉄道を柱とする満洲経営権益の維持は日本の重大な課題となった。日本が軍政を布いたことに清国が抗議し、日本の施策には英米も反発する。日本が満州を支配下に置いたことで支那との間に火種が残り、欧米列強は日本を警戒するようになったのだ。このような情勢下で、事大主義の朝鮮が日本に擦り寄ってくる。1910年8月29日、「韓国併合ニ関スル条約」に基づいて大日本帝国が大韓帝国を併合したのである。これは歴史的事実として「日韓併合」「朝鮮併合」などと表記される。これに始まった日本による統治は、1945年9月9日に韓国統監府が米国に降伏するまでの35年間続いたのだが、こうして日本は、英米政府およびロシア政府から朝鮮半島に関する支配権を承認された。これを受けて、大日本帝国政府は1905年11月、第二次日韓協約（朝鮮側では乙巳《いっし》保護条約）を大韓帝国と締結した。この協約によって大韓帝国の外交権は日本に接収され、事実上の保護国となる。そして12月には、韓国統監府が設置される。だが、この後の朝鮮は合併に反対する李氏朝鮮国王の高宗派と、締結時に学部大臣だった李完用を中心とする推進派とに二分される。このように国論が分かれる状況で、李完用は閣議において、

「わが国の外交は変幻きわまりなく、そのために日本は2回（日清、日露）の大戦争に従事した。多大の犠牲を出してようやく今日における韓国の地位を保全したのだから、これ以上わが国の外交が原因で東洋の平和を乱し、再び危地に瀕するようなことはとてもできない」

とし、日本との協約締結を肯定している。日清、日露の戦争は朝鮮に原因と責任があると、政権の中枢にいた学部大臣が語っているのだ。ちなみに現在の韓国では、こんな主張をして日本に併合されることを望んだ李完用は売国奴とみなされている。だが、このような朝鮮民族の現状は北と南に分断されて、北は中国とロシアの支配下にあり、南はアメリカや日本に擦り寄りながらも中国の顔色をうかがい、その裏では北につながっている。日韓併合から１００年以上経った今日でも、この民族は東洋の平和を乱し再び戦争の火種となっているのである。

話は前後するが、そんな状況の１９０９年10月、内閣総理大臣を経て韓国統監府の初代統監を務めた伊藤博文が反対派の安重根によってハルビン駅にて暗殺される。この暗殺を受け、韓国側の一進会から韓国併合の話がもち上がる。一進会は韓国最大政党で、併合推進派であった。一方の日本側は、韓国世論が二分されているため、併合の正当性について列国に打診している。アメリカとイギリスは、この地域の安定のため韓国併合に賛成した。その他、清国、ロシア、イタリア、フランス、ドイツといった当時の主要国からの反対も全くなかった。各国の賛成を得た日本は一進会の協力のもとで韓国併合に乗り出した。日本が独断で武力をもって侵攻し、無理やり併合した訳では決してないのである。

日本が韓国を統治するにあたり、統監府は１９０９年に戸籍制度を導入した。李氏朝鮮時代には人間とは見なされず、姓をもつことを許されていなかった奴婢、白丁《はくちょう》などの賤民にも姓を名乗らせて戸籍には身分を記載することなく登録させたのである。李氏朝鮮時代は戸籍に身分を記載していたが、日本の統監府はこれを削除したのである。これにより、身分開放された賤民の子弟も学校に通えるようになった。これに反発する両班勢力は激しい抗議デモを繰り広げたが、身分にかかわらず教育機会を与えるべきと考える日本政府によって即座に鎮圧された。さらに統監府は1910年から1919年の間に土地調査事業に基づき測量を行い、土地の所有権を確定した。この際に申告された土地は、境界問題が発生しないかぎり地主の申告通りに所有権が認められた。申告がなされなかった土地や、国有地と認定された土地（旧朝鮮王朝の土地など）は最終的に朝鮮統監府に接収され、朝鮮の農民に安値で払い下げられ、一部は東洋拓殖や日本人農業者にも払い下げられた。この施策は、測量や登記制度を導入し権利関係を確定させるためのものであったが、境界問題や入会権問題を生んで、現代に続く「日帝による土地収奪論」を招いている。だが、これを機に朝鮮では不動産の売買が法的に安定した。また、日本が朝鮮の農地で水防工事や水利工事、金融組合や水利組合もつくったことで、朝鮮農民は安い金利で融資を受けることができるようになったのである。多大な利益を得る朝鮮人も現れ、これらの新興資本家の多くは統監府と良好な関係を保っていた。

加えて、日本内地に準じた学校教育制度が整備された。初代統監に就任した伊藤博文は、学校建設を改革の最優先課題とした。小学校も統合直前の1910年頃には100校程度だったが、1943年には4271校にまで増加したのである。1911年には、朝鮮統括府は第一次教育令を公布し、朝鮮語を必修科目としてハングルを学ぶことになり、朝鮮人の識字率は1910年の6％から1943年には22％に上昇した。学校教育において日本語が使用されたことで、韓国側から「言葉を奪った」という評価がなされているが、朝鮮語が科目として導入されたこと、朝鮮語による文化活動が許容されていたことからして「言葉が奪われたとはいえない」という反論もある。また、併合以前の朝鮮ではハングルは漢字と比べて劣等文字として軽蔑されており、あまり普及していなかった。もっとも識字率が6％では、大半の朝鮮人にはハングルも漢字も区別できなかったというのが本当のところだろう。また併合前の朝鮮には汚水処理の施設もなく何の対策もなされていなかった。だが、第二次日韓協約を間近にした1905年10月に、韓国政府と日本国皇太子（後の大正天皇）の寄付をもって公衆トイレの設置と道路の清掃作業が行われるようになった。それ以前の漢陽（大韓民国の首都で、現在のソウル）は道路も河川も汚物にまみれるに任せていたという。ちなみに19世紀初めのロンドンでは、下町にあるアパートでは上層の住民が排泄物をおまるで路上にぶちまけるため、常に頭上を注意しなければならなかったというが、そのイギリス人で1894年に李氏朝鮮を旅行したイザベラ・バード（前述の日本旅行者）は、その著書『朝鮮奥地紀行』にて次のように描写している。

「……。家から出た汚物によって悪臭が酷く、北京を見るまではソウルこそこの世で一番不潔な町だ。（中国の）紹興へ行くまではソウルの悪臭こそこの世で一番だ。都会であり首都であるにしては、そのお粗末さは実に形容しがたい。……」

イギリス人がこのように支那と朝鮮を批評するのは、まさしく五十歩百歩と言ったところで、「目くそ、鼻くそを笑う」とはまさしくこのことだ。まったくのところ、日本人で良かったと、言うしかないところだ。また同時期にキリスト教布教に携わった西洋人の宣教師も漢陽（ソウル）をして、「世界でも指折りの不衛生な都市」と指摘している。これは、朝鮮には公衆衛生という概念が無く、汚水の処理が行われていなかったためである。日本に併合されるまで、朝鮮では糞尿を道端ですることが当たり前だったのである。また、冬の寒さが厳しい朝鮮では暖房用の薪にするためと焼畑農業のために大量の樹木を伐採した。このため表土が大量に流れだして岩盤がむき出しになり、また植林もしていなかったため、多くの山が禿げ上がっていたという。その結果、農業は壊滅状態となり農民の多くは肥沃な満州に移民していた。そのため国として松の伐採を禁止するようになり、加えて日本の統治時代には統監府が主導して多くの山に植林が行われた。それは現在の大韓民国においても引き継がれ、少なくとも南の韓国側では植生は大幅に回復しているという。いずれにしても、朝鮮という国は、日本に併合された35年間で世界の最貧国から飛躍的に発展したのである。

そして第一次世界大戦が始まり、日本も否応なしに巻き込まれていく。第一次世界大戦とは、1914年から1918年にかけて戦われた人類史上最初の世界大戦である。ヨーロッパが主戦場となり、西はイギリスから東はロシアまで各国が入り乱れて戦った。連合国側はイギリス、フランス、イタリア、アメリカ合衆国そして日本、敵対する中央同盟国はドイツ帝国、オーストリア＝ハンガリー帝国、オスマン帝国などだ。また、参戦した先進国家群が世界中に植民地をもつ帝国主義の時代であったため、本国だけでなく植民地も戦場となった。戦闘はアフリカ、中東、東アジア、太平洋、大西洋、インド洋にも及び世界中がこの戦争に巻き込まれた。この時の日本は、イギリス軍と連合してドイツの中国での拠点、青島を攻略している。1914年11月のことである。そして第一次世界大戦は1918年に終結した。なお、大戦中の1917年2月、ロシアで革命が起こりロマノフ王朝は崩壊した。

そして、この場に記したいのは、この戦争が終結して間もない頃のロシアのシベリアで起きたポーランド人孤児救済に関する実話である。以下の文章は『歴史街道：2014年3月号』に掲載された元ポーランド大使兵頭長雄氏の「ポーランド孤児を救え」より引用させていただいた。

「ポーランドは、ロシア、ドイツ、オーストリアというヨーロッパの強国に囲まれた国だ。1772年、1793年、1795年には、これらの強国によってポーランドは分割され、遂には国家自体が消滅することになった。ちなみにポーランドが独立を回復したのは第一次世界大戦後の1918年のことである。このような屈辱の歴史に生きてきたポーランド人にとって、自らを支配するロシアを極東の小国日本が打ち破ったことは、あまりにも衝撃的な出来事だった。そしてもう一つ、ポーランド人の心を揺さぶったのは、ロシア革命後の混乱の中、シベリアの地で苦境に陥っていたポーランド人の孤児765人を、1920年と1922年の2回にわたって日本が救出したことである。独立のために立ち上がった志士とその家族が、ロシアに囚われシベリアに流されていたのだ。第一次世界大戦時には、その数は5万人余りに上ったといわれている。その時、ポーランドはドイツ軍とロシア軍が戦う戦場となり、難民となった人々がシベリアに流れ込んでいたのだ。そのためシベリアには20万人ほどのポーランド人いたと言われている。そこにロシア革命が起き、さらにその後の内戦が続いた。戦火の中で、シベリアのポーランド人たちは、生き地獄に追い込まれていった。食料も医薬品もない中で、多くの人々がシベリアの荒野をさまよい、餓死、病死、凍死に見舞われていた。食べ物を先に子供たちに食べさせていた母親が遂に力尽き、その胸にすがって涙を流しながら死にゆく子供たち……。そんな光景があちらこちらで見られたという。せめて親を失った孤児だけでも救わねば……。

と、1919年にはウラジオストク在住のポーランド人たちが立ち上がり、「ポーランド救済委員会」を設立する。当時、シベリアにはアメリカ、イギリス、フランス、イタリア、そして日本が出兵していた。ポーランド救済委員会は、まずアメリカをはじめ欧米諸国に働きかけ、ポーランド孤児たちの窮状を救ってくれるよう懇願するが、その試みは失敗し、最後の頼みの綱として日本だけが残った。日本政府はその訴えを聞き容れ、わずか17日後には救援することを決断した。大きな負担が生ずることは判り切っていたが、日本人はシベリアのポーランド人を見捨てなかったのである。そして、日本赤十字社が救援活動の中心となった。シベリア出兵中の日本陸軍の支援も受けて、1920年7月下旬には孤児たちの第一陣が敦賀経由で東京に到着した。それから翌年にかけての第1回救済事業で、375人の児童が東京へ運ばれた。1922年の第2回救済事業では、390名の孤児が大阪に到着している。彼らは栄養失調で身体も弱り、腸チフスなどの病気にもかかっていた。1921年7月11日には、孤児たちを看護していた看護婦の松沢フミさんが腸チフスに感染して殉職している。享年は23歳であった。孤児たちも彼女の死を悼み、涙に暮れたという。その子たちに同情した日本では、朝野を挙げて温かく迎え世話をした。東京でも大阪でも慰問品や寄贈金が次々と寄せられ、慰安会が何度も行われたのだ。このような看護やもてなしで、孤児たちはみるみるうちに元気を取り戻し、全員が無事ポーランドに帰国していった。横浜や神戸の港から出航する時、幼い孤児たちは日本人の看護婦や保母たちとの別れを悲しみ、乗船を泣いて嫌がるほどだった。シベリアでの生活を味わった孤児たちにとって、これほどまでに温かく親切にされたのは、物心ついてから初めてということも多かったのだろう。彼らは口々にアリガトなど、覚えたばかりの日本語を連発し、感謝の気持ちで「君が代」

を歌ったという。帰国する子供も見送りの日本人たちも、涙を流しながら互いに手を握り、姿が見えなくなるまで手を振り続けた」

ここまではインターネット上で紹介された『歴史街道：２０１４年３月号』の記事を簡略化して書き綴ってきたが、以下はその原文のまま紹介する。

「私がこの話を知ったのは、ポーランド大使としてワルシャワに住むようになってからのことです。ポーランド在住の松本照男さんにこの話をうかがったことがきっかけでした。松本さんはこの件をワルシャワ大学のタイス博士と共に調査され、元孤児の方々とも交流されていたのです。私は、元孤児の方々を、ぜひ大使公邸にお招きしたいと考えました。そう松本さんに相談すると、松本さんは連絡役をご快諾くださいました。平成7年（１９９５年）10月、８名の元孤児の方々が公邸にいらっしゃいました。その当時でも皆さん80歳以上のご高齢です。家族の付き添いでようやくお越しになれたご婦人もいらっしゃいました。彼らを迎えて、私はこのような挨拶をしました。

〝ようこそお越しくださいました。国際法という法律では、日本大使館と大使公邸は小さな日本の領土とも考えてよい場所です。ここに皆さんをお迎えできたことを、本当に嬉しく思います〟

すると、皆さん、

〝あぁ、私たちは日本の領土に戻ったのだ〟

と本当に感激されて、その場所に跪いて泣き崩れられたのです。そして、やっとのことで公邸にいらっしゃったご婦人が、こうおっしゃいました。

〝私は生きている間にもう一度日本に行くことが生涯の夢でした。そして日本の方々に直接お礼をいいたかった。しかし、もうそれは叶えられません。ですから大使から公邸にお招きいただいたと聞いた時、這ってでもうかがいたいと思いました。しかも、この地が小さな日本の領土だと聞きました。今日、日本の方に、この場所で私の長年の感謝の気持ちをお伝えできれば、もう死んでも思い残すことはありません〟

実は孤児の皆さんは、ポーランドに帰国後に「極東青年会」という団体を組織し、第二次世界大戦前のポーランドで日本の素晴らしさを紹介する活動を行うと共に、日本に行くための資金を積み立ててもいらっしゃいました。しかし世界大戦の戦乱と、東西冷戦が彼らの夢を断ち切ってしまったのです。皆さんの長年の想いが真っ直ぐに伝わってきて、私も涙があふれるのをこらえることができませんでした。今でも思い出すだけで涙が出てきます。その後、元孤児の方々にささやかな日本食を楽しんでいただき、楽しい時間を過ごしましたが、皆さん驚くほど鮮明に日本の印象を覚えていらっしゃいました。真夏に汽車に乗ると、大人の男性が車内に入るやすぐにズボンを脱ぎだしてステテコ姿やふんどし姿になったことに驚いたこと。生まれて初めて動物園に連れて行ってもらって、嬉しかったこと。男の子がたらいで行水しているのを覗き見したこと。支給された浴衣の袖の中に、飴やお菓子をたっぷり入れてもらって大喜びしたこと。帰国のために日本から乗船した船で、日本人船長が毎晩巡回して、毛布を首まで掛けてくれたこと。お腹いっぱいに食事を食べることができた感激。多くの日本人から、親のような温かな思いやりを受けた喜び……。元孤児の皆さんは身振り手振りを交えてエピソードを語り、爆笑の渦が巻き起こることもしばしば。彼らが初めて眼にした日本という異国の風俗への驚き、そして嬉しかった思い出が、生き生きと甦りました。同時に、当時の日本人たちの優しい眼差しや姿も、眼前に立ち現われるような感慨にとらわれました。

〝一生大事にもち続けてきた宝物を、今日は大使に差し上げたいのです〟

そういって、1人のご婦人が分厚い封筒を取り出されました。それは、当時の日本の庶民生活のスナップや京都や奈良など名所旧跡を写した風景写真コレクションでした。彼女はそれを戦争の最中も、ひと時も肌身離さずもっていたのだといいます。

〝宝物なら、私ももっています〟

あるご婦人は、見知らぬ日本人から貰った扇子を、またあるご婦人は、離日時に日本人から贈られた布地の帽子を大事に持参してくださっていました。

〝私は、このおかげで長生きできたのですよ〟

そういって見せてくださったのは、大阪カトリック司教団から孤児たちに贈られた聖母マリア像のカードでした。長い年月を懸けて紙はポロポロになっていましたが、裏面には日本語の祈祷文が、かろうじて消えずに残っていました。……中略……

平成7年と8年には、ポーランド側が阪神淡路大震災の被災児童を招待してくださいました。その時にも、4名の元孤児の皆さんがお越しくださり、被災児童たちと対面して温かな言葉をかけてくださいました。兄弟で日本に助けられたある方は、その弟さんを2日前に亡くしたばかりでした。しかし、

〝私と弟がかつて日本人からもらった温かな心を、今、被災して悲しんでいる日本の子供たちに伝えたい〟

と駆けつけてくださり、そして噛んで含めるように、ご自分が体験された日本人からの親切や好意

を、日本の児童たちに語ってくれました。最後に、元孤児の皆さんから被災児童にバラの花が一輪ずつ手渡され、集まった人々から万雷の拍手が沸き起こりました。その時、元孤児の皆さんの目には涙が光っていました。彼らはこのようにして、75年前の日本人の善意を日本の子供たちに返してくださったのです。……中略……そして、彼らの温かな心に触れた1人として、私はぜひとも、日本人とポーランド人が育んできたこの素晴らしい物語を、多くの日本の皆さんにお伝えしたい。戦前の日本といえば、悪いイメージしかもたない人もいらっしゃるかもしれません。しかし、それではあまりに一面的です。われわれ日本人の素晴らしい面を十分に発揮した事例があり、ポーランドの方々も、その恩義を大切にしてくださっている。遠く離れた日本とポーランドの間で、善き心が今現在に至るまで響きあっていることを、ぜひ知っていただきたいと思うのです」

このような大使の言葉は筆者の思いと全く同じであり、まさしくその思いでこの文章を書いている。ポーランド孤児に関するこのような記事は数多く、筆者もこれまでにいくつもの紹介文を目にしているが、上記の文中にて元ポーランド大使の兵頭氏も語っているとおり、その都度、眼には涙があふれてくる。この文章を書く今この瞬間も、パソコンの画面が涙で歪んで見えている。

だが、それと同時に、こんな不満と疑問が湧き起こってくるのだ。ひとつは、

「このような話を現地に行くまで知らなかった」

と、元ポーランド大使は語っているが、外務省の職員として全くの怠慢ではないのかという不満だ。

そして、もうひとつの疑問とは、このように戦争捕虜を扱い、孤児たちにも感謝される日本人が、

「中国共産党が言うように、無抵抗の中国人を南京において30万人も本当に虐殺したのか？」

「韓国が主張するように、日本軍は本当に従軍慰安婦を虐待したのか？」

ということだ。この二つの論題に関しては、日本国内では当然ながらこれを否定し反論する声もある。だが、この問題は本書の主旨から逸脱することになるため、その詳細は別稿に譲ることとしたい。

さて、ポーランドの孤児たちが日本に来る少し前の1920年1月10日にスイスのジュネーブに本部を置いて国際連盟が正式に発足する。第一次世界大戦中の1918年1月、アメリカ合衆国大統領ウッドロウ・ウィルソンは十四か条の平和原則を発表し、その第14条国際平和機構の設立において国際的平和維持機構の設立を呼びかけた。この戦争への反省から、国際平和機構の設立が図られたのだ。発足時点での加盟国は42か国で、イギリス・フランス・日本・イタリアの4か国が常設理事会の常任理事国となり、1926年にはドイツが、1934年にはソヴィエト社会主義共和国連邦も加盟し、その場で常任理事国となった。だが肝心のアメリカ合衆国は加盟せず、組織として弱体かつ不安定なものであった。日本は後に脱退することになるが、それまでは常任理事国として国際連盟事務局次長には新渡戸稲造（前述の『武士道』の著者）が選ばれるなど、中核的役割を担っていたのである。

かくして国際舞台に躍り出た日本だが、その周辺には常に支那の影がちらついていた。その支那だが、1911年の武昌起義に始まる辛亥革命において、1912年1月1日、南京において中華民国が成立した。だがこの時点では北京に清国が存続しており、支那を代表する政府が南北に二つあった。しかし、同年2月12日に清国の皇帝、宣統帝である愛新覚羅溥儀が退位することによって、支那は中華民国政府が代表することになったのである。そんな情勢のもとで、朝鮮半島を併合した日本はさらに支那東北部の関東州から満州へと進出する。一方、支那側は中華民国となって以来、国家継承における条約継承否定説を採用して、日本との過去の条約（下関条約をはじめとする日清間の諸条約）の無効を主張しはじめた。そして１９２９年には、「土地盗売厳禁条例」「商租禁止令」などを施行し日本人に対する土地や家屋の商租禁止を打ち出し、従前から貸借している土地家屋の回収を図った。満州各地の朝鮮系を中心とした日本人居住者は、立ち退きを強要され迫害されたのである。このような小競り合いの末の１９３１年９月18日に、満州事変が起きる。満州事変は、中華民国奉天（現在の瀋陽）郊外の柳条湖で、大日本帝国陸軍の一組織である関東軍（旧南満州鉄道警備隊）が南満州鉄道の線路を爆破した柳条湖事件が発端となっている。爆破の被害自体は軽微であり、鉄道の運行に支障はなかった。だがこれは満州を支配下に置くための関東軍の陰謀で、鉄道が爆破されたことを口実にして関東軍は満洲（中国東北部）全土を占領する。それから、１９３３年５月31日の塘沽《タンクー》協定成立に至るまでの日本と中華民国との間の武力紛争のことである。国際連盟創立以来の原加盟、常任理事国として重きを占めてきた日本だが、満州事変を契機にその立場が一転する。事件が中国によって連盟に提訴された結果、日本は列国から問責非難されることになった。国際連盟からはリットン調査団が派遣され、１９３２年９月22日にその報告書が連盟事務局に付託された。同報告書での紛争解決のための提案は、次のとおりであった。

「柳条湖事件以前への回復（中国側の主張）」

「満洲国の承認（日本側の主張）は、いずれも問題解決とはならない」

「満洲には、中国の主権下に自治政府を樹立する。この自治政権は国際連盟が派遣する外国人顧問の指導の下、充分な行政権をもつものとする」

「満洲は非武装地帯とし、国際連盟の助言を受けた特別警察機構が治安の維持を担う」
「日中両国は不可侵条約、通商条約を結ぶ。ソ連がこれに参加を求めるのであれば、別途三国条約を締結する」

このような内容で、満州における日本の主張と権益を否定するものであった。日本はこれに反対したが、連盟総会は1933年2月24日　42対1（日本）、棄権1（タイ）で、リットン報告書を採択した。これに対して、松岡洋右全権以下の日本代表団は総会から退場した。次いで同年3月27日、日本政府は連盟事務局に脱退を通告し、同日その声明を発表した。以後の日本は国際社会から孤立し、ドイツ、イタリアとの枢軸結成へと進んでいった。また、この事件をきっかけとして、日本と中華民国とは本格的な戦争に突入する。加えて、支那には毛沢東が率いる中国共産党も台頭してくる。満州を巡って、日本と中華民国（蒋介石の国民党）そして中国共産党の三つ巴の戦いに拡大していくのである。さらに、これには欧米各国が介入してくる。こうして、日中戦争から太平洋（大東亜）戦争へと日本は突き進んでいった。この経緯をもつまびらかにすべきとも思うが、それは本書の趣旨とはいささかかけ離れており、ここでは年表をもってその概要を示すにとどめたい。

年	月	出来事
1931	9	満州事変勃発
1933	2	国際連盟がリットン調査団の報告書に基づき、日本を非難する
	3	日本が国際連盟脱退
1934	3	満州国が帝国となり、清朝最後の皇帝愛新覚羅溥儀が皇帝となる
	8	ドイツでヒットラーがナチス総統になる
	12	日本がワシントン条約、ロンドン条約の軍縮条約を破棄する
1935	1	中国共産党大会で、毛沢東の指導体制が確立する
1936	2	日本で2・26事件が勃発する
1937	7	盧溝橋事件が勃発し、日中戦争が始まる
	11	日独防共協定にイタリアが参加する
	12	日本軍が南京を占領する
1938	3	ナチスドイツがオーストリアを併合する
	11	ナチスドイツがユダヤ人の弾圧を始める
1939	5	ノモンハン事件勃発し、満州軍とモンゴル軍との戦闘に日本軍とソ連軍が加勢する。ソ連軍の前に日本側の大敗となる。
	9	ドイツがポーランドに侵攻し、英国がドイツに対して宣戦布告

1940	5	英国にチャーチル挙国一致内閣が成立
	6	フランスがドイツに降伏
	7	第2次近衛内閣が成立し、東条英機が陸軍大臣に就任
	7、8	杉原千畝がリトアニアにてユダヤ人に「命のビザ」を発給
	9	ドイツによるロンドン空襲　日独伊三国同盟に調印
1941	4	モスクワにて日ソ中立条約の調印
	7	アメリカ政府が日本の在米資産を凍結
	8	アメリカのルーズベルト大統領が日本への石油輸出を禁止する
	9	ポーランドのアウシュヴィッツ収容所で、ナチスドイツによる　ユダヤ人とソ連兵捕虜の毒ガス処刑が始まる
	10	東条英機内閣が成立
1941	11	アメリカのワシントンにて米英蘭華会議が開催される
	12	日本軍がハワイ真珠湾を攻撃し、米英が対日宣戦布告する
1942	1	日本軍がマニラを占領する
	2	日本軍が英領シンガポールを占領する
中略		
1945	8	アメリカが広島と長崎に原爆を投下する　日本が無条件降伏する

このようにして、日本と日本軍は清との紛争を皮切りに英米との戦争へと突き進み、悲惨な結末を迎えた。だが、この戦争のさなかでも、日本人と日本軍は武士道にのっとった実に美しい活動と戦いをしていたのである。大戦中のナチスドイツによるユダヤ人やソ連兵捕虜の虐殺を見れば、その差は歴然としている。

１９４０年7月の第二次世界大戦中、リトアニアのカウナス領事館に赴任していた杉原千畝は（１９００〜１９８６年）、ナチスドイツの迫害によりポーランド等欧州各地から逃れてきた難民たちの窮状に同情する。そして、１９４０年7月から8月にかけて、外務省からの訓令に反して、大量の日本通過ビザを発給しおよそ６０００人にのぼるユダヤ人を救ったという「ユダヤ人の命のビザ」の話だ。ここまでは、日本人の間では既によく知られている。しかしながら、この物語はまだ終わらない。その先があるのだ。リトアニアから脱出したユダヤ人たちは、シベリア鉄道に乗りウラジオストクに到着した。だが、混乱の中で杉原が作成したそのビザは、国家の書類としては不備な点も多々あった。次々に極東に押し寄せる条件不備の難民に困惑した外務省の本省は、ウラジオストクの総領事館に厳命した。その内容は大略して以下のようなものであった。

「大日本帝国の官憲がヨーロッパから避難してくる人々に与えた通過許可証は、あなたのところやソ連の大使館でもう一度調べて、行先国に入る手続きが終わっていることを証明する書類を提出させてから、船に乗る許可を与えること」

この訓令は、大量の難民を受け入れる余裕のない日本側の拒否反応だったのだ。だがその場には、杉原のような外務省職員がもう一人いた。杉原が学んだハルビン学院の二期後輩の根井三郎だ。彼はその時ウラジオストク総領事代理であったが、目の前の難民たちに同情し、1941年3月30日付の本省宛電信で大略、次のように抗議している。

「難民たちがここまでやって来たからには、もう引き返すことができない。日本の領事が発行した通行許可書をもっているのに、行先国が中南米になっているというだけの理由で一律に船に乗る許可を与えないのは、大日本帝国の外交機関が発給した公文書の威信を損なうことになる。これではまずい」

根井と本省とのやり取りは五回にも及んだが、結局彼も杉原と同じ日本人で、本来漁業関係者にしか出せない日本行きの乗船許可証を発給して難民の救済にあたった。その根井三郎は難民たちから「ミスター・ネイ」の名で記憶されている。根井はシベリアの凍土に潰えそうになった難民たちの命を、杉原とともに救ったのである。二人が卒業したハルビン学院は、後藤新平が制定した同校のモットー「自治三訣」すなわち、

「人のお世話にならぬよう、人のお世話をするよう、そして報いを求めぬよう」

を掲げていたのである。こうして難民たちは、日本海汽船が運航する天草丸に乗って敦賀港へ続々と上陸する。敦賀では、全米ユダヤ人協会からの依頼を受けた日本交通公社（現在のＪＴＢ）の社員が、ユダヤ難民救済協会から送金された現金を手渡したほか、敦賀駅までのバス輸送や神戸、横浜までの鉄道輸送手配を行った。この中にいたユダヤ人のひとりで、当時はまだ子供だったレオン・ランチャート氏は神戸での思い出を次のように語っている。

「あそこで過ごした9か月間が私の一生で一番静かな心休まる時だった。日本人は優しくて親切だった。近くの八百屋さんでは毎日自分たちのために卵を用意していてくれたし、気候は温暖で町は清潔、

ユダヤ人であることで日本人の偏見を感じたことは一度もなかった、日本は本当にすばらしい国だった」

それでも、杉原の行動は日本国外務省の命令に背くものとして、戦後、退職に追い込まれた。その後、彼は三男を白血病で失うなど家族の不幸に見舞われている。そして、連合国軍の東京PXの日本総支配人、米国貿易商会、三輝貿易、ニコライ学院教授、科学技術庁、NHK国際局などの職を転々とする。さらに、1960年には川上貿易のモスクワ事務所長、1964年に蝶理に勤務するなどして、1965年からは国際交易モスクワ支店代表など再び海外生活を送っていた。だが、彼によって救われたユダヤ人たちは、そんな杉原を、懸命になって探し続けていたのである。1968年夏、ビザの受給者の一人で新生イスラエルの参事官となっていたニシュリ（B.Gehashra Nishri）と杉原は28年ぶりに再会する。さらに1970年1月、イスラエルの宗教大臣となっていたゾラフ・バルハフティクとエルサレムで29年ぶりに再会したのだ。この時初めて本省との電信のやりとりが明かされ、失職を覚悟した上での杉原の独断によるビザ発給を知ったバルハフティクは驚愕する。そして1998年5月のインタビューで、バルハフティクはこう語っている。

「日本政府の許可なしであったことを知ったのは、1970年に杉原氏とイスラエルで再会した時である。杉原氏が訓命に背いてまでビザを出し続けてくれたことは、再会する日まで考えられなかったので、とても驚いたことを覚えている。杉原氏の免官は疑問である。日本政府がすばらしい方に対して何もしていないことに疑問を感じる。賞を出していないのはおかしい。表彰していないのは残念である。杉原氏を支持している方は多くいるが、私は20年前から、日本政府は正式な形で杉原氏の名誉を回復すべきだと言っている。しかし日本政府は何もしていない。大変残念なことである」

このようなイスラエル側の働き掛けで、２０００年10月、時の外務大臣河野洋平は以下のように語り、謝罪の上、彼の名誉を回復している。

「これまでに外務省と故杉原氏の御家族の皆様との間で、色々御無礼があったこと、御名誉にかかわる意思の疎通が欠けていた点を、外務大臣として、この機会に心からお詫び申しあげたいと存じます。日本外交に携わる責任者として、外交政策の決定においては、いかなる場合も、人道的な考慮は最も基本的な、また最も重要なことであると常々私は感じております。故杉原氏は今から六十年前に、ナチスによるユダヤ人迫害という極限的な局面において人道的かつ勇気のある判断をされることで、人道的考慮の大切さを示されました。私は、このような素晴らしい先輩をもつことができたことを誇りに思う次第です」

そして２０１１年３月11日、日本の東北地方は未曽有とも言える巨大地震と大津波に襲われ甚大な被害を受けた。その時、真っ先に救援の手を差し伸べてくれた国の一つに、そのイスラエルがあったのだ。10日後の３月21日、イスラエルの有力紙「エルサレム・ポスト」は、

「第二次世界大戦中、在リトアニア日本公使、チウネ・スギハラが、訓令に反してビザを発給し、６０００人のユダヤ人を救った」ことに言及し、

「在日ユダヤ人が協力して窮状にある人々の救済活動を始め、在京のユダヤ人たちは募金のための口座を開いた」

と報じた。さらに、東日本大震災によって被災した人々に対する義援金を募るにあたり、米国のユ

ダヤ人組織であるオーソドックス・ユニオンは、会長のシムカ・カッツ博士と副会長のスティーヴン・ヴェイユ師の連名で、以下のような公式声明を発した。

「窮状にある人々に手を差し伸べることは、主のいつくしみの業に倣うことである。１９４０年、杉原領事夫妻は身職を賭して通過ビザを発給し、６０００人のユダヤ人の命を助けて下さった。いまこそわれわれがその恩義に報いるときである」と。

話は変わって、太平洋戦争中の１９４２年、スバラヤ沖でイギリス・オランダ・アメリカ・オーストラリアの連合国艦隊と大日本帝国艦隊が激突した海戦がある。この戦いは１９４２年２月27日から3月1日の間に、計5回の戦闘が繰り広げられた。その結果、連合国艦隊は8隻を失って退却し、日本側は駆逐艦1隻を損傷したのみで圧倒的勝利を収めた。この海戦の翌日、哨戒中の駆逐艦「雷《いかづち》」は、海面に大勢の人間が漂流しているのを発見した。この海戦で沈没した英国艦隊の戦闘艦から脱出した将兵たちで、ある者はボートに乗り、また別の者は板材などにつかまって海上を漂っていたのである。彼らが英国海軍の４００名であることを確認した「雷」の工藤俊作艦長は、敵潜水艦の存在を確認させたその上で、「敵兵を救助する」と号令しマストに救難活動中を示す国際信号旗を掲げた。だが、救助のためとはいえ戦闘中の海域での停船は、敵潜水艦や戦闘機にとって絶好の攻撃目標となって、大変、危険な行為であった。さらに１９４１年8月以降、英米による石油禁輸措置によって石油が乏しい日本にとっては、発進と停止を繰り返す救助活動は燃料消費が甚だしく、その後の戦闘行為に支障をきたすことになる。当然ながら、

「艦長はいったい何を考えているのだ！　戦争中だぞ！」

との批判の声が出た。だが、工藤艦長のリーダーシップと人徳がこうした批判を鎮静化させた。普段から工藤艦長は艦内での鉄拳制裁を一切禁止し、兵、下士官、将校らと分け隔てなく接し人望を集めていたのである。その工藤艦長は、

「敵とて人間。弱っている敵を助けずして、フェアな戦いは出来ない。それが武士道である」

と、言明したのである。この命令に、日本の将兵たちは自らも海中に飛び込んで敵兵士を救助した。そのうえさらに救助した英兵を貴重な真水で洗い、衣服まで提供したという。そして工藤艦長は、敵の将兵にこう語りかけた。

「貴官たちは勇敢に戦われた。今や諸官は、日本海軍の名誉あるゲストである」

そしてディナーを振る舞い、翌日にはボルネオ島の港でオランダ病院船に捕虜として全員を引き渡しているのだ。救助された英兵たちは大感激をした。そもそも英国海軍の規定には、危険海域における救助活動では、たとえ友軍であっても義務ではない、としている。それが敵兵である自分たちを危険も顧みずに救助し、衣食を与えて敵国の病院船に引渡すことまでしたのだから、英兵たちが感激するのも当然だろう。その一人であったサムエル・フォール中尉は漂流中に現れた敵艦隊に死を覚悟したが、救助信号旗が揚がったのを見て安心したという。

そして長い年月が過ぎた１９９６年（平成８年）、フォール氏は著書『My Lucky Life：マイ・ラッキー・ライフ』を出版した。その冒頭で、彼は、

「この本を私の人生に運を与えてくれた家族、そして私を救ってくれた大日本帝国海軍中佐工藤俊作に捧げます」

と、書いたのだ。そしてさらに、

「自分が死ぬ前に、どうしても一言お礼を言いたかった。一日として彼のことを忘れたことはありません」

と、強調している。こうして工藤艦長を探し始めたフォール氏は、地元在住の青木厚一元海軍少佐の尽力によって、その墓を探し出す。そして2008年（平成20年）12月7日、89歳という高齢のフォール氏を日本に迎え、墓所のある埼玉県川口市の薬林寺で墓前祭が盛大に執り行われた。翌8日には赤坂プリンスホテルで英国大使、外務大臣参列の下で、顕彰記念式典が執り行われたのである。英国海軍からも駐在武官が参列し、海上自衛隊からは海上幕僚長、四代目いかづち艦長らが列席した。国際礼儀に則った海軍式式典が挙行されたのである。沈没したトルコ軍艦やロシア兵捕虜の処遇、そしてポーランド孤児、ユダヤ難民そして英国海軍将兵の救済など、これほどまでに日本人は美しいのである。


だが、日本は戦争に負けてしまった。そして1945年8月30日、連合国軍最高司令官ダグラス・マッカーサー元帥が神奈川県の厚木海軍飛行場に降り立つ。この時の彼の脳裏には、戦犯として天皇の告発も浮かんでいただろう。連合国の一部には、そのような勢力もあったのだ。当然ながら、昭和天皇ご自身もそのお覚悟をなされていたはずだ。同じく、その時11歳で皇太子の立場にあられた上皇（平成天皇）もまた同じような思いをされたことは、容易に推測できることである。そして9月8日、進駐軍は横浜から首都東京へと進み、ＧＨＱ（General Headquarters）本部を皇居の隣に移した。マッカーサーは、ここから次々と日本統治の施策を実施していく。9月10日には、天皇を戦犯として裁くことの決議案が、アメリカ議会に提出された。この背景には、アメリカ本国と連合国の中に天皇の戦争責任を追求する世論があったのである。次いで9月11日、GHQは事前通告なしに元首相東條英機はじめ37人を戦争犯罪人として逮捕、拘留した。天皇や日本政府が恐れていたことが起きたのである。天皇や皇族も戦犯として逮捕されるのではという危機感がつのった。その時、GHQにはマッカーサーに大きな影響を与えた人物がいた。軍事補佐官ボナー・フェラーズである。フェラーズは太平洋戦争が始まる前から日本軍と天皇について研究しており、天皇は日本人の精神的なよりどころとして、天皇の意向を利用した統治を進言したのである。その例として、マッカーサー元帥が日本に到着した当初から日本政府は大変協力的であった。だが、こんなことは通常ではありえないことだ。敵国への反感をもち続け、戦争に敗れても一部の敗残兵がゲリラ化し戦闘行為を継続する。それが国際的な常識なのである。だが、ここでも日本は違った。それは天皇が出した、

「武器を捨てて、占領軍に協力せよ」

という、勅令の効果であるとされている。日本人の潔さと、天皇への忠誠心がそうさせたのだ。そんな状況の9月中旬、新たに外務大臣になった吉田茂は天皇に招かれ、皇居にて、

「マッカーサーに会いたい」

と、告げられる。そして9月20日の午後、吉田はマッカーサー元帥を訪れ、

「閣下は、陛下がお訪ねになることを期待されていますか」

と、尋ねた。それに対して彼は、

「天皇にお目にかかることは、私としてももっとも喜ばしいことだ。しかし、天皇の自尊心を傷つけ

困らせるようなことになってはよくないとも考えている」

と、答えた。そして、場所はＧＨＱよりもアメリカ大使公邸のほうが良いと告げた。天皇の体面を慮り、プライベートな訪問の形にしたかったからだという。そして９月27日午前９時50分、天皇のお車がアメリカ大使館公邸に向けて皇居を出発した。シルクハット、モーニングで正装した昭和天皇の表情は、同行した通訳は〝非常に厳しいお顔だった〟と回想している。その時、天皇は日本の運命と自分自身、皇族の運命をかけて決死の覚悟で乗り込まれたのだ。側近たちは、天皇が生きて帰れるか心配したという。午前10時、車はマッカーサーの待つアメリカ大使公邸の門をくぐった。玄関にはマッカーサーの姿はなく、出迎えたのは２人の副官だけだった。マッカーサーはこの時、出迎えも見送りもしないと決めていたのである。天皇は大臣らと次の間で別れ、通訳と二人だけで奥の部屋に向かわれた。写真撮影のあと、２人の会見が始まった。その場でどのような会話が交わされたのか、公式には未だに何の発表もない。しかし、マッカーサーは回顧録に次のように記している。

「タバコに火をつけて差し上げたとき、私は天皇の手が震えているのに気がついた。天皇の語った言葉は、次のようなものだった」

天皇は、

「私は、国民が戦争遂行するにあたって、政治、軍事両面で行ったすべての決定と行動に対する全責任を負うものとして、私自身をあなたの代表する諸国の採決に委ねるためお訪ねした」

「私はこの瞬間、眼の前にいる天皇が、日本の最上の紳士であることを感じとったのである」

35分の会見が終わった時、マッカーサーの天皇に対する態度は変わっていた。マッカーサーは、予定を変えて自ら昭和天皇を玄関まで送った。マッカーサーにとって、最大の好意を示したのである。

なお、この会見の場で、昭和天皇は、

「この戦争のすべての責任は私にある。私の身はどうなっても構わない。ただ、焼け野原に放り出され食べる物もろくにない日本国民に食料の支援をしていただきたい。そのお願いに来た」

と、発言されたとの見解もある。また、会見前のマッカーサーは、

「どうせ命乞いだろう。どこかの国への亡命でも希望するはずだ」

と、見くびっていたという説もある。それも当然で、欧米をはじめとして世界中で戦に敗れた国の国王あるいは元首は捕えられて殺されるか、命乞いをして国を捨て亡命するのが当たり前だったのである。だが、昭和天皇は違った。このような日本国天皇を目の前にすれば、その態度も変わり背筋も伸びるはずだ。また、この時、

「わたしは失意と虚脱にあえぐ国民を慰め励ましたいので、日本全国を回りたい。しかし、一部に反対の声もあるのだが……」

と申し出られた。マッカーサーは、

「遠慮なくでかけるべきです。それが民主主義というものです」

と答えたと言われている。だが、この会見の内容は明らかにされていないので、側近の誰かが忖度して後から付け加えた話かもしれない。その翌日、日本の新聞はこの会見を一斉に報道した。ただし、それは記事だけで記念写真は掲載されていなかった。その影響の大きさを憂えた新聞各社が、掲載を見合わせたのだ。だがＧＨＱはこれを許さず、次の日の新聞に掲載することを命令した。そのため各

社はマッカーサー元帥との記念写真を一面に掲載することになったが、それは日本中の人々に衝撃を与えた。作家高見順は、かかる写真は誠に古今未曾有と、怒りをあらわにしたという。この写真を新聞に掲載させたGHQ側の狙いは、日本国民にあらためて敗戦を実感させることだったのである。

ちょうどこの頃、焼け野原になった日本各地では、明るい歌声が聞こえるようになっていた。ご記憶の方も多かろう。サトウハチロー作詞、万城目正作曲で、並木路子が歌う「リンゴの唄」だ。この歌は、敗戦後の日本映画第1号『そよかぜ』（1945年10月10日公開の松竹作品）の挿入歌として発表された。可憐な少女の思いを赤いリンゴに託して歌う歌詞が、終戦後の焼け跡の風景や戦時の重圧からの解放感とうまく合っていたのと、敗戦の暗い世相に打ちひしがれた人々に明るくさわやかな歌声がしみわたり、空前の大ヒットとなった。2007年には、日本の歌百選に選出されている。「リンゴの唄」は吹き込みの際、作曲者の万城目正は、もっと明るく歌うようにと指示した。しかし、並木は戦争で父親と次兄、3月10日の東京大空襲で母を亡くしていたのである。それを知った万城目は、君一人が不幸じゃないのだよと語り、並木を励ました。こうして、あの心躍らせるような明るい歌声が生まれたという。そして、この歌は戦後の復興の応援歌となった。それだけではない。1995年1月に発生した阪神淡路大震災でも、復興のテーマソングとして人々に歌われたのである。このような悲惨な状況でも、不平不満や泣き言を口にせず、明るく前向きに取り組むのが日本人なのだ。もっと言えば、私たち日本人にはどこかのどかで楽天的な一面があるのである。

話は変わって、会見写真が掲載されたその3日後、マッカーサーは軍事補佐官から次のような進言を受けた。

「もしも天皇が、戦争犯罪人のかどで裁判にかけられれば、統治機構は崩壊し、全国的な反乱が避けられないだろう」

と。その一方では、アメリカ政府がマッカーサーに対し、昭和天皇の戦争責任を調査するよう要請した。だがマッカーサーは、

「戦争責任を追及できる証拠は一切ない」

と、回答した。これこそが昭和天皇とマッカーサー元帥との会談の成果と言えるものだ。元帥は天皇のお人柄を信頼し、日本統治に天皇は不可欠と判断していたということだ。そして、敗戦から1年余り過ぎた1946年11月3日、それまでの大日本帝国憲法に代わって、GHQの改正案を元に日本政府が手を加えた日本国憲法が公布された。その第1条にこう書かれている。

「天皇は、日本国の象徴であり日本国民統合の象徴であって、この地位は、主権の存する日本国民の総意に基づく」

と。それに並行して行われた極東国際軍事裁判（1946年5月〜1948年11月）では28名が起訴され、その結果、東条英機元首相以下7名に死刑判決が下されるなど25名が有罪となった。その7人の死刑執行は12月23日午前0時1分30秒より行われ、同35分に終了したという。この日は、当時皇太子であった上皇（平成天皇）の15歳の誕生日（現在の天皇誕生日）であった。真偽のほどは不明であるが、この日にしたのは皇太子に処刑の事実を自身の誕生日には毎年必ず思い起こさせるためだとする説もある。だが今となっては、この戦犯とされた人々の処刑の日が平成天皇の誕生日と同じだという事実を知る日本国民は少ないだろう。いずれにしても、平成天皇は重い宿命を背負うことになっ

たのである。こうして歴史を解き明かしてみると、戦地の慰霊碑を訪れては深く長い黙とうを捧げ、阪神淡路大震災や東日本大地震の被災者を見舞われひざまずかれる平成天皇ご夫妻の心情が伝わってくるのだ。このような国家元首が、他のどの国におわすと言うのか。我らが日本国の天皇陛下が、「世界最高の国家元首」と、讃えられるいわれがここにある。

話は前後するが、マッカーサー元帥との会見を終えた昭和天皇は、ただちに宮内省（1947年5月から宮内府、1949年6月から宮内庁）の幹部に巡幸の準備を命じられた。旅立ちの服装は背広にソフトの帽子、夏はカンカン帽といった軽装であった。警護も当初はGHQが付けたMP二人だけだった。天皇は終戦の翌年の1946年から54年にかけて全国を巡幸された。敗戦によるショックで虚脱状態にあった国民を慰め、励まされるための旅だった。全行程は3万3000kmで、東京～ロサンゼルス間を2往復する勘定になる。一日平均200キロの強行軍だった。国民はそれまで現人神《あらひとがみ》とされていた天皇の姿に直接触れ、それを励みとして日本国の再建に乗り出すのであった。

この時の逸話をいくつか紹介したい。巡行が始まったのは2月19日であるが、9日後の28日には日本橋の焼け跡を視察の後、小石川の被災者用バラックを回られ、早稲田の鶴巻小学校で授業を参観され、午後、伊勢丹に回られた。天皇が伊勢丹を出られると取り囲んだ人たちから、天皇陛下バンザイの絶叫が繰り返された。天皇は帽子を取ってお応えになり、車に乗ってからも手を振られた。敗戦後の天皇に対する国民感情を政府関係者たちはつかみかねていたのだが、この光景を目の当たりにして胸をなで下ろし、以後の巡幸は予定通りスムーズに行われるようになったという。

そして9月、宇都宮市でのことだ。天皇、皇后両陛下は宇都宮市内をご視察の後、県庁に立ち寄りさらに市内の母子寮を訪ねられた。そこには夫や父を戦争で失った31世帯が入居していた。どの部屋にも位はいが安置され、母子が正座してお迎えした。

「随分つらいだろうが、辛抱してね」

「お子さんたちを立派に育てるために、一生懸命頑張ってね」

と、励まされた。この後、子供たちの遊戯をごらんになった。終わって手を差し伸べる皇后陛下に、子供たちがすがりついた。

「おばちゃんの服はきれいだね」

「また来てね」

と言うと、皇后は目頭を押さえながらほほ笑まれ、この時の様子を和歌に詠まれている。

「われもまた　手をさしのべてはぐくまむ　みよりすくなき引揚の子を」

なんとこの姿は、神戸や東北の被災地を見舞われた平成天皇、皇后両陛下と全く同じではないのか。これこそが私たちの国、日本の皇室の姿なのだ。昭和天皇も平成天皇も敗戦によって自己否定を余儀なくされたであろうし、それどころか死をも覚悟されたことだろう。数々の苦悩を乗り越えられた末にこのような姿に立ち至られたものと、僭越ながら推察するのだ。そして、ここまで調べてきた結果、次なる天皇皇后両陛下もきっとこのような行動をなされるものと確信するに至ったのである。

さて、巡幸はどこでも大歓迎だったが、時として天皇に反発する動きもあった。九州巡幸の際の1949年5月22日、天皇は佐賀県基山町の因通寺境内の戦災孤児収容施設「洗心寮」をお訪ねになった。住職、調寛雅《しらべかんが》が父から引き継いで運営しており、そこにいる子の多くはフィリピンなどからの引

揚孤児だった。天皇は、

「お健やかにね」

と子供たちの頭をなでられ、山門を後にされた。だがこの時、沿道にはシベリア帰りの一団が、天皇の戦争責任を追及しようと待ち構えていたのだ。陛下は彼らの前で立ち止まり、リーダーのMに、

「長い間、外国で苦労をさせて申し訳ない。これからは日本再建のためにしっかり頑張ってほしい」

と、帽子を取られた。その瞬間、Mには感動の衝撃が走り全員が泣き出した。そして、彼らは天皇制護持論者に転向したという。これこそが2000年を超えて今につながる家系の重み、そしてこのような天皇家を慕い守り続けた日本人の姿なのである。


では、この時の天皇と日本国民との交わりを海外ではどのように受けとめていたのか？　ここで、一つの例を紹介したい。以下の文章は、ドイツ人でボン大学教授のオットー・カロン氏が1950年（昭和25年）に残した言葉として、インターネット上に紹介されている。

「ローマ大帝国も、ナポレオンの国でさえも、一度戦いに負ければ亡びている。私の国のカイゼル陛下にしても、また生前中は神の如く慕われていたヒットラーも、イタリアのムッソリーニも、戦いに負けたらすべてそのまま残ることはできない。殺されるか、外国に逃げて淋しく死んでいる。だから日本の天皇も外国に亡命すると思っていた。しかし、そんなことは聞かない。だからすでにこの世におられないと思っていた。……中略……。ところが最近、日本から来た記録映画を見て驚いた。天皇が敗戦で大混乱の焼け跡を巡っておいでになる姿である。しかも、二年もの長い間、北の端から、南の端まで、焼き払われた廃墟を巡って、国民を慰めておられる。陸軍も海軍もすでに解体されている

のに、一兵の守りもないのに、無防備のままで巡っておられる。……中略……。平穏無事なときでも、一国の主権者が、自分の国を廻られるその時には、厳重な守りがなされている。それでも暗殺される王様や大統領がある。それなのに一切の守りもなく、権力、兵力の守りもない天皇が日本の北から南まで、焼き払われた廃墟を巡る。国民を慰める。何という命知らずの大胆なやり方であろうか。いつどこで殺されるか。こう思って映画を見ていた。しかし驚いたことに、国民は日の丸の小旗を打ち振って天皇を慰めている。こんなに美しい国の元首と国民の心からの親しみ、心と心の結び、これはどこにも見られないことである。われわれは改めて、日本を見直し、日本人を尊敬しなければならないと思っている。（オットー・カロン博士　ボン大学教授　昭和25年）」

なお、表現こそ違えほぼこれと同じ内容の文言が、河内正臣著『天皇の真実』の巻末にカロン氏の言葉として紹介されていることを付言しておく。

ちなみに、500年前の戦国の世に戦乱で荒れ果てた京の都のその御所で、天皇はうら寂しい毎日を送っていた。御所の周囲を取り巻く土塀は崩れ落ち、紫宸殿をはじめとし檜皮葺の屋根の多くは雑草で覆い尽くされていたのだ。女官の中には春をひさぐ者さえいたと聞いている。それでも京の町には、御所に毎朝食事を運び、困窮する天皇家を支え続けた町衆がいた。御所の近隣で粽《ちまき》を商う川端道《かわばたどう》喜《き》という商人である。誰に言われたわけではなく、己の心のおもむくままの行動であったという。道喜は破れた土塀の隙間をくぐり抜け、御所へと粽を運んでいたのである。零落し貧しく淋しい暮らしの天皇は、日々の食事さえも思うようにならず、彼が持参する朝餉を心待ちにされていたそうだ。それは〝お朝物〟と呼ばれ、餅や粽が主な食べ物であった。このように宮中の天皇を思う気持ちは、戦乱で荒廃した時代でも市井の片隅に住まう庶民にまで行き渡っていたのだ。その川端道喜だが、今日では15代目を名乗って京都市左京区で粽や和菓子を商っている。そして天皇陛下や皇族の方々が御所を訪れた際には、欠かさず粽を献上しているとのことだ。修復された今日の土塀には、御所正門である天皇専用の建礼門と少し離れて道喜門がしつらえられている。

そして、戦後の混乱も一段落して日本の復興が軌道に乗り始めた１９５４年、映画『七人の侍』が封切られた。この映画の時代設定はおよそ４３０年前の戦国の世ではあるが、描かれたその内容は敗戦で荒廃した昭和の時代の日本の世情や日本人の心根そのものだったのである。すなわち、何百年経っても変わらない心優しくて潔い、そして正義を貫く日本人をものの見事に描き切った映画だ。巨匠、黒澤明監督の代表作といわれるこの映画は１９５４年4月に公開され、主演は三船敏郎と志村喬である。舞台となった時代は、劇中のセリフより１５８７年（天正15年）と推測される。織田信長は既になく、豊臣秀吉が北条氏の立て籠もる小田原城を攻め落とそうとしていた頃だ。それで映画のあらすじだが、

「毎年秋の収穫期になると盗賊どもが貧しい農村を襲い、収穫物と年若き娘たちを奪っていく。そんな盗賊を打ち払うべく立ち上がった農民と、彼らを助け共に戦う七人の侍の物語である。その侍のうち六人は戦いに敗れ各地をさまよう浪人であり、残りの一人は子供の頃に盗賊に村を襲われ親を失った農民上りの浮浪児だった。そして、農民からの侍たちへの報酬は、戦いの間の食事と寝場所の提供のみだ。それが貧しい農民にできるすべてであった。戦いには勝利したものの四人の侍を失い、農民の間にも多くの死傷者を出した。そして、収穫の時が来て農民たちの喜びの中、生き残った侍のひと

りは村に残り、二人が去ってゆく。侍たちが命を懸けて、それも無償で守ったものは、貧しい農民たちの明るい笑顔であった」

という内容である。この映画をご覧になった人は数多いと思われるが、「義」のために戦い、貧しい農民を救うために、自分の命までも捨て去る侍の姿を描いたこの作品は、世界中から高い評価を得ている。また、その内容は今日でも多くの人々に感動を与え続けているのだ。新渡戸稲造が英語で出版した『武士道』と、その精神をそのまま映画化した黒澤明の『七人の侍』この二つが日本という国を世界中に紹介したのである。そして21世紀の今日までも、そのような日本人の姿に世界中の国々が熱狂しているのである。

では、太平洋戦争に敗れた日本を、諸外国のリーダーたちはどのような目で見ていたのであろうか。これもまた、大いに興味があるところだ。

最初はタイのククリット・プラモード元首相の言葉である。

「日本のおかげで、アジアの諸国は全て独立した。日本というお母さんは、難産して母体をそこなったが、生まれた子供はすくすくと育っている。今日、東南アジア諸国民が、アメリカやイギリスと対等に話ができるのは、一体誰のおかげであるのか。それは身を殺して仁をなした日本というお母さんがあったためである。12月8日は、我々にこの重大な思想を示してくれたお母さんが、一身を賭して重大決意された日である。さらに8月15日は、我々の大切なお母さんが、病の床に伏した日である。我々はこのふたつの日を忘れてはならない」

このような言葉はさらに続く。インド法曹界の長老、パラディ・デサイ博士は次のように語っている。

「インドはまもなく独立する。この独立の機会を与えてくれたのは日本である。インドの独立は日本のおかげで30年も早まった。インドだけではない、ビルマもインドネシアもベトナムも、東亜民族はみな同じである。インド国民はこれを深く心に刻み、日本の復興には惜しみない協力をしよう」と。

そして、パラオ共和国の大統領トミー・E・レメンゲサウ・ジュニアも次の言葉を残している。

「親愛なる日本の皆様に　日本は第二次世界大戦終戦から今日に至るまでの年月で敗戦から見事に立ち上がり、それどころか、産業・経済・文化など様々な分野において、世界のリーダーとして活躍されています。そんな日本の皆様たちのバイタリティが、実は私たちの国パラオを造ったという事実をご存じでしょうか。終戦までの日本は、数万人に及ぶ日本人入植者をパラオに送り込み南洋庁を作り、私たちパラオ人のために様々な教育や産業を伝えました。それは後に、パラオ独立のための貴重な原動力となりました。そして現在でもパラオの長老たちは日本のことを内地と呼び、世界で最も親日感情が高い国、といっても過言ではないのです」

次は1991年（平成3年）に、日本傷病軍人会代表団がオランダを訪問した際のアムステルダム市長の歓迎のスピーチを紹介したい。

「貴方がた日本は先の大戦で負けて、勝った。私どもオランダは勝って、大敗しました。今、日本は世界一、二位を争う経済大国になりました。私たちオランダはその間屈辱の連続でした。勝ったはずなのに、世界一の貧乏国になりました。戦前のオランダは、アジアに本国の36倍もの大きな植民地インドネシアがあり、石油等の資源産物で本国は栄耀栄華を極めていました。今のオランダは日本の九州と同じ広さの本国だけとなりました。あなた方日本はアジア各地で侵略戦争を起こして申し訳ない、諸民族に大変迷惑をかけたと自分をさげすみ、ペコペコ謝罪していますが、これは間違いです。あなた方こそ自らの血を流して東亜民族を解放し、救い出す、人類最高の良いことをしたのです。何故ならあなたの国の人々は、過去の歴史の真実を目隠しされて、今次大戦の目先のことのみ取り上げ、或いは洗脳されて、悪いことをしたと、自分で悪者になっているが、ここで歴史をふり返って、真相を見つめる必要があるでしょう。本当は私共白人が悪いのです。１００年も３００年も前から競って武力で東亜民族を征服し、自分の領土として勢力下にしました。植民地や属領にされて長い間奴隷的に酷使されていた東亜諸民族を解放し、共に繁栄しようと、遠大崇高な理想をかかげて、大東亜共栄圏という旗印で立ち上がったのが、貴国日本だったはずでしょう。本当に悪いのは侵略して権力を振っていた西欧人の方です。日本は敗戦したが、その東亜の解放は実現しました。即ち日本軍は戦勝国の全てを東亜から追放して終わりました。その結果アジア諸民族は各々独立を達成しました。日本の功績は偉大です。血を流して闘ったあなた方こそ最高の功労者です。自分を蔑むのを止めて、堂々と胸を張って、その誇りを取り戻すべきです」

よくぞ言ってくれた。アムステルダム市長のこの言葉こそが日本人の言い分であり、歴史上の真実なのである。だが、戦後のオランダ人は日本がその植民地であるインドネシアを独立させたことで、欧米各国の中でも最も日本を憎み敵視していた国である。その国民感情を劇的に改善したのが、平成天皇のオランダ訪問であった。ここしばらくは、宮内庁のホームページなどを参考にして、オランダとの関係について記したい。

鎖国した江戸時代でも唯一外交関係を維持し友好を深めてきたオランダだが、第2次世界大戦では日本に対し宣戦布告した。日本が支那に進出しその東北部に満州国を設立したことから、欧米諸国は日本を警戒し経済制裁を強めてきた。オランダも欧米の一員として日本と敵対することになり、インドネシアからの石油供給を絶ったのである。こうしてアメリカ（America）、イギリス（Great Britain）、支那（China）そしてオランダ（Dutch）の4か国による日本包囲網が形成された。これをＡＢＣＤ包囲網と言う。そうした状況下で、日本軍は石油を求めてオランダが植民地としていたインドネシアに進攻した。１９４２年３月１日、今村均中将率いる日本陸軍5万５０００人がインドネシアに上陸し、オランダ、イギリス、アメリカ、オーストラリア連合軍９万８０００人をわずか９日の戦闘で降伏させたのだ。こうして３５０年の長きに渡ったオランダの支配から、日本がインドネシアを解放したのである。オランダによる植民地支配は過酷を極め、現地人を差別して奴隷として扱ってきた。１９４５年８月に日本は降伏するが、その間３年余りは日本がインドネシアを統治し、現地に学校や病院を作り現地人に武器を与えたのである。だが、日本軍は破れインドネシアから去ることになる。そのインドネシアに、オランダが再度介入してくる。その時、現地に残った日本兵は日本軍が残していった武器を携え現地の人々とともに戦い、インドネシアの独立に貢献したのである。オランダから見れば、日本という国は憎むべき存在になった。それ以来オランダの反日感情は根強く、１９７１年に昭和天皇がオランダを訪れたときには、市民が卵を投げつけるなどの騒動が起きた。その後も世論の反発を受け交流が絶たれ、両国の関係は悪くなる一方だった。改善のきっかけとなったのは、戦後50年にあたる１９９５年の〝村山談話〟だ。他国に対し植民地支配と侵略によって、多大な損害と苦痛を与えたことを再確認、謝罪を表明している。それ以来〝平和友好交流計画〟が始まり、〝アジア女性基金〟などの償い事業も実施され、両国は歩み寄りを始めた。そして、両国の関係修復を決定的にしたのが平成天皇と皇后の両陛下と言われている。2000年5月に両陛下はオランダを訪問されたが、その時でも未だに反日感情は残っており、オランダのメディアは過去の戦争問題をこぞって報道した。両陛下はそんな中、オランダ王宮の正面にある戦没者記念碑に供花され、1分間にわたる黙祷を捧げられた。身じろぎひとつないその姿にオランダのベアトリクス女王は涙し、メディアを通しその姿はオランダ全土に報道された。そして、その夜アムステルダム王宮で開かれた女王陛下主催の晩さん会で、天皇陛下はこのように語られている。

「……。我が国はオランダからさまざまなことを学び、両国間の友好関係は変わることなく続いてありました。このような歴史を経た後、両国が、先の大戦において戦火を交えることとなったことは、誠に悲しむべきことでありました。この戦争によって、さまざまな形で多くの犠牲者が生じ、今なお戦争の傷を負い続けている人々のあることに、深い心の痛みを覚えます。二度とこのようなことが繰り返されないよう、皆で平和への努力を絶えず続けていかなければならないと思います。また、この機会に戦後より今に至る長い歳月の間に、両国の関係のため力を尽くしたさまざまな人々の努力に改めて思いを致します。とりわけ戦争による心の痛みをもちつつ、両国の将来に心を寄せておられる貴国の人々のあることを私どもはこれからも決して忘れることはありません。戦後55年を経て、今日、日蘭両国の関係が、さまざまな分野で極めて緊密なものとなっていることは、誠に喜ばしいことであります。……」

その翌日、両陛下はアムステルダムにある「ミチルスクール」という養護学校を訪問された。この時、皇后陛下美智子様は、机に伏せたまま動かない少女にお気づきになった。おもちゃの王冠を頭にのせたその少女は、両陛下を歓迎しようと張り切りすぎて眠ってしまったのだ。皇后陛下は起こすのは可哀想と、少女を眠ったままにされていた。式典が終わり眠りから覚めた少女は、式典が終わっていることに気がつき泣きながら皇后陛下のもとへ駆け寄った。美智子妃殿下はその子を優しく抱きしめられたのである。まるで聖母マリアを思わせるその写真は、翌日の新聞に大きく取り上げられオランダ国民の心を打ったのである。このような両陛下の姿が、「世界最高の国家元首」「千人力の外交官」などと世界中が絶賛する所以なのである。その後の両国は友好関係が続いており、２０１１年３月に日本で起きた東日本大震災では、オランダ全土で支援行事が多数開催されている。また、２０１４年12月からオランダでは、日本国籍をもつ人がオランダでの住民登録をして銀行口座を開設すれば、労働許可を申請しなくても働けるなどの特別な待遇がなされている。

かくして日本は戦後の混乱から復興し、高度経済成長を成し遂げた。以下に記すのはそれが一つの頂点に達した２００４年頃の話だ。当時のアメリカでは、

「僕はアメリカに生まれて本当に良かった」

という記事が新聞に掲載されたと言われている。だが、この記事を載せたという新聞を未だ特定できていない。話ができ過ぎていて誰かの作文かとも疑える、そんな内容ではあるが以下に紹介したい。

「待ちに待った日曜日。今日は学校も休みだ。いつもより遅くおきた僕は、まずソニー製のテレビのスイッチを入れる。毎週楽しみにしている日本のアニメを観るためだ。それが終わると、マンガを読

む。でも、今日はゆっくり読んではいられない。パパとハロウィーンの衣装を買いに行くためだ。パパ自慢のトヨタに乗り、ショッピング・センターへと向かう。カーラジオからはイチローがまたヒットを打って新記録を作ったというニュース。いったい何度目の新記録？ 買って貰ったのはポケモンの着ぐるみ。これで（ハロウイーンでの）人気間違いなしだ。それにクリスマスに欲しいニンテンドーのソフトもしっかりチェックしておいた。でも、プリンセス・テンコーのフィギュアも欲しいのだけど。ランチにおいしいスシを食べてから家に帰った。僕はまたマンガの続きを読む。パパはトヨタを洗い出した。これから、前から見たいと言っていた〝ラスト・サムライ〟を観るためにママと一緒に映画館に行くらしい。お兄ちゃんは、ホンダのバイクでガールフレンドの家にでも向かったようだ。夕方にあるカラテの練習まではデートでもするのだろう。僕は思う。アメリカとはなんて豊かな、いい国だろうって。僕はアメリカに生まれて本当によかった。僕はアメリカを心から愛している。そして、アメリカの文化を誇りに思っている」

これは明らかに２００８年９月に起きたリーマンショック以前の話だ。アメリカはこの経済破綻をきっかけとして、経済的には白人中間層が崩壊して富裕層と貧困層に二分化され、そして白人と有色人種との対立はさらに深まった。その上に、２０１８年現在のアメリカはドナルド・トランプ氏を大統領に選んだことで、社会の混乱と分断はより一層深刻化している。それはともかくとして、この記事にあるように、アメリカ人はトヨタやホンダをアメリカの会社だと思い込んでいる。これには違和感を覚えるが、逆に言えば、いたずらに日本を強調しないところが相手国から受け入れられているのではないか。人の気持ちを慮る日本人の実に奥ゆかしいところではある。

ここまでにおよそ500年前からの日本人の思考方法、行動パターンを書き連ねてきたが、それは21世紀の今日でも少しも変わっていない。一つは、2011年3月11日、東北大震災が発生し福島原発が運転を停止した時のことだ。その時、日本中が混乱し恐怖におののいていた。その1週間ほど後に、インターネットでこんな記事を目にした。投稿者は27歳の女性だという。

「うちのお父さん（59歳）は40年以上にわたり原発の運転に従事し、半年後の9月に定年退職する予定だった。ところが、福島原発の事故を受け会社が募集した約20人の応援派遣に応じたのだ。父は13日に、これからの対応次第で、原発の未来が変わる。原発は俺の命だ。終わらせるわけにはいかない。使命感をもって行きたい。と、家族に告げ志願したことを明かした。話を聞いたこの女性は、家の中では日頃ろくに話もせず頼りなく感じていた父をこの時ほど頼もしく誇りに思ったことはなく、涙が出そうになったと言う。そんなところに行けば死ぬかもしれない。行って欲しくない。そう思った彼女は母に相談する。お父さんは、私たちが停めても行くわ。たったの一人になってもいく。と、母は答えた。そして、東京電力側の受け入れ体制が整った15日朝、男性は自宅をたっていった。特別なことにしたくないと考えた娘は見送りもせず、普段通りに出勤した。最初は行ってほしくなかったが、もし何かあっても、自分で決めたことなら悔いはないと思った、と言い、母であり妻でもある女性（58歳）は、彼は18歳の時からずっと原発の運転をしてきた。一番安全なものをやっているという自信があったのだと思う、と話した。そして出発を見送り、現地の人に安心を与えるために、頑張ってきて、と声を掛けたという」

このような男性を侍と言わずして他になんというのか。黙って送り出したその家族もまた、立派な侍の妻女である。

そしてもう一人、２０１６年5月広島の原爆記念館を訪れ被災者を慰霊したアメリカ合衆国のオバマ大統領と抱き合った日本人男性がいる。被爆者のひとり、森重昭氏（当時79歳）である。彼は単に被爆者というだけでなく、40年にわたり広島で被爆死した米兵捕虜について調査を続けてきた民間の研究者なのだ。

「ピカドン、というがそんな簡単なものじゃない。あの時、私はキノコ雲の中にいた。すさまじいものですよ、原爆というのは。そんな簡単な表現で書かれてたまるか」と、森氏は爆心地から2・5キロの場所で被爆した瞬間を語っている。その時、わずか8歳の彼はおむすびを配給していると聞いて、向かった己斐《こい》国民学校は死体の山だったという。

「何百人もの死体が積んであった。死体は真っ黒で膨れ上がり人相はわからず、手掛かりがない。肉親かどうか金歯で確かめようとしたのです」

この被爆体験が、森氏の米兵捕虜探しにつながる。直前まで通っていた済美《せいび》国民学校は生徒全員が亡くなった。その中になぜか一人、米兵捕虜の遺体があったのだ。「自分の運命は、この米兵と同じであったかもしれない。どうして捕虜が死んだのか。そう思ったのがきっかけです」

あの日、広島には米兵がいたと人々は言うが、米軍は被爆した米兵捕虜はいないと否定していた。そして、１９７４年から75年にかけてＮＨＫが視聴者から原爆の絵を募集したところ、２０００枚以上の絵の中に米兵を描いた絵が二十数枚見つかった。その絵を描いた被爆者を訪ねることから、森氏の調査は始まった。そして、彼らは撃墜された米機の乗員で、捕虜となり広島の中国憲兵隊司令部で尋問されていたことが分かる。米兵の被爆死者として森さんが確定したのは12人だ。いまでは全員が原爆死没者名簿に記入され、原爆慰霊碑に納められて遺影も公開されている。墜落機の副操縦士ダーデン・ルーパー少尉（22歳）、射撃手ジョン・ロング伍長（27歳）らである。機長のトーマス・カートライト少尉は東京へと移送されていたため生存しており、後に帰国している。

「だれの支援も受けず、外国にも行かず、たった一人で調査してきた。捕虜が乗っていた墜落機はロンサム・レディ（孤独な貴婦人）と呼ばれていたが、まさに私も広い太平洋に一人で釣りをしているような気持だった」

彼の調査は、名前を特定しただけでは終わらなかった。死没者名簿に登録を申請するようにと、遺族へ連絡したのも森さんだ。名前だけを手掛かりに国際電話をかけ、膨大な時間とお金をかけて一人ずつ連絡先をみつけたという。当時、大卒の初任給は8万円程度だったと記憶しているが、電話代だけで月に4万円近く要したという。米国政府からは、「日本で戦闘中、行方不明」という通知しか受け取っていない遺族も多かった。

「遺族に手紙を出しても、なかなかうんといってくれない。平均して一人に7通は書いた。繰り返し書いて、やっと返事が来た。涙が出ますよ。ポストに向かって頭を下げた」

そして彼は、大統領にも手紙を書いた。

「大使館に宛先を聞いて――プレジデント　ウィリアム・クリントン　USA――と、送ったらちゃんと届いた。大統領の代理の人から返事がきて、遺族のお母さんとお姉さんが判明した」

森さんの調査は、今も続く。シンガポールに住む日本人から彼に電話がかかってきた。その人の祖父は憲兵隊の通訳だったが、祖父から聞いた話をぜひ遺族に知らせたいという。その話の内容だ。

「捕虜の一人は自分が生きていたことをアメリカの両親に伝えてほしい、とトイレの紙に名前と住所を書いて（祖父に）渡そうとした。でも、見つかったら自分がスパイとして処刑されるので、受け取ることはできない、と言ったそうです」

森さんは最新の情報を話し、

「捕虜の調査は涙、涙、涙です。（遺族からの）手紙に涙のあとがあった。3通に涙のあとがあった」

と、声をつまらせた。森さんは歴史研究家として、丹念な調査で事実を追い求めた。証人を探して話を聞き、米軍資料や日本軍がＧＨＱに提出した文書の矛盾と誤りをみつけ、真相に近づいていく。ひとつの例が死体の数だ。己斐国民学校で８００人の死体を焼いた、という記録があった。現場にいた自分の記憶ではその数はもっと多く、２倍から3倍はあったと思う。私は38歳になっていたけど、目撃者を捜して歩いた。実際に死体の数を数えた人がいたとわかり、調べたらその人は青森にいた。連絡すると、その人はもう亡くなっていた。家族に調査を頼んだところ、３年後に返事が来た。その数は２３００人だったという。オバマ大統領とのハグは、森さんにとってひとつの到達点だったのだ。

「やっとアメリカ政府が認めてくれた。これ以上うれしいことはない。私の気持ちを大統領が酌んでくださったに違いない、と思った。気持ちが世界の人に伝わった、と嬉しかった。（ハグに）シナリオがあったわけじゃない」

と話した。オバマ大統領は広島演説で、

「広島で亡くなった方々の中に10万人を超える日本人の男女そして子どもたち、何千人もの朝鮮半島出身の人々、そして彼らと並んで12人の米国人捕虜がいる。そして、この地で命を落とした米国人の遺族を探し出してくれた男性がいる。彼らが失ったものは自分が失ったものと同じだと信じたからだ」と述べ、森さんの仕事を称えた。自分の不幸など棚上げにして、見たこともなく顔も知らない異国の犠牲者とその家族に、これほどまでに親身になって尽くしているのである。この人もまた誇るべき日本人である。

そして長崎での話だ。姿勢を糺した少年の写真がある。８歳ほどと思われる裸足の少年が背負うのは弟の亡骸だ。「焼き場の少年」と、題されるこの写真を目にした人は多いと思う。撮影したのは、アメリカ海兵隊の従軍カメラマンであったジョー・オダネル軍曹だ。１９４５年８月９日に長崎に原爆が投下されたが、その直後、彼が火葬場で目にした光景だ。弟は原爆で死に、火葬場でその順番を待っているところなのだ。この少年は弟の亡骸が焼かれたことを見届けた後、無言のままその場を立ち去ったという。オダネル氏はいったん帰国した後、また日本を訪れこの少年を10年にわたって探し続けた。だが、ついに判明しなかった。この内容は、ＮＨＫスペシャル「解かれた封印〜米軍カメラマンが見たＮＡＧＡＳＡＫＩ〜」で、２００８年８月に放送されておりご存知の方も多かろう。唇をかみしめ真っ直ぐに前を見て素足で立つ少年の毅然とした姿は、世界中から大きな反響を呼んだのだ。海外からの反応は次のような声になっている。

「悲劇の最中に子供があれだけの落ち着きを……。日本人はどんな悲劇に見舞われたあとであっても、常に素晴らしい気高さを見せてくれるね……。（イタリア）」

「日本人は、なんて気高い民族なのだろう。あんな小さな子供でさえ、高潔な精神をもっているのだ。

（ベトナム）」

そして本年（２０１８年）１月１日、

「ローマ法王フランシスコが、この写真をカードに印刷し配布するように指示し、裏には――戦争が生み出したもの――という文言を記載することも要請した」

と、ＣＮＮが伝えている。オバマ大統領に抱かれる森重昭氏のように、ローマ法王をはじめとし、日本人のこの少年を抱きしめたいと思う人々は世界中に数多くいるのである。

第3章　日本人の気質と特質

第1章、第2章で世界中の人々から愛される日本という国と日本人の姿を書き綴ってきた。第3章では、そんな日本人の思考方法と行動パターンとは、言い換えれば気質や特性とはどのようなものなのかを解き明かしてみたい。この課題の鍵となる言葉が4つある。それは、「大和民族」「八百万の神々」「八紘一宇」そして「大和魂」という言葉だ。

そもそも、日本人のことを「大和民族」と称するが、なぜそのように呼ぶようになったのか？　その呼称はいつから始まったのか？　どのような人々を指すのか？　など、考えれば考えるほどに、筆者には次から次へと疑問が湧いてくる。そして調べてみると、大和民族という呼称の起源はかの『魏志倭人伝』にあるようだ。

「中国の三国志における魏志倭人伝では、親魏倭王卑弥呼は、約30の国からなる倭国《わこく》すなわち邪馬台国（やまたいこく、やまとこく）の都としてここに住居していたとしている（筆者注／ここと言っても、邪馬台国の所在地は九州なのか近畿地方なのか今日でも判明していない）。日本人は、古くは中国より倭と呼ばれ、その民族は自らを倭人と書いてワジンと称した。また倭をヤマトと訓じるなどしていたのだ。だが、やがて倭の表記は廃れ、代わりに大和の表記が一般的となった」

ということになっている。ただ、『古事記』には卑弥呼の名はいっさい出てこないし、卑弥呼と大和朝廷との関係は現在でも分かっていない。卑弥呼こそ天照大神とする説もあるが、別の見解もある。邪馬台国の所在地がどこか分からない状態では、卑弥呼そのものがあいまいなのである。なお、その『魏志倭人伝』には、

「邪馬台国では犯罪や訴訟が少なく、長命で、上下の身分をわきまえ、集会では父子男女の区別がな

く酒を好む」

など、現在の日本人の文化風俗に近い記述さえあるともいわれている。もとになる魏志倭人伝は3世紀末に書かれたとされるが、日本という国と日本人の気質や特性は3世紀末から今日までの1700年以上もの間、まったく変わっていないということになる。1700年前の支那人が見ても、240年前の江戸時代に日本に来たオランダ人のツンベルグが見ても、その姿はほとんど同じだったのである。また、大和民族については以下のように説明する文献もある。

「大和民族とは、縄文時代以前から日本列島に住んでいた人々の中で、弥生時代に大和（奈良盆地の南東部）を本拠地とする人々を中心に形成されたヤマト王権（筆者注／近年では大和朝廷ではなく、ヤマト王権という呼称が主流となっている。この経緯については後段にて詳述する）に属する民族の呼称である。その後のヤマト王権の勢力拡大に伴い、一地域名であった大和が広く日本を指す呼称となって、民族名ともなった」

とされている。ただし、ヤマト王権が成立する過程は今日でも不明な点が多い。さらに、

「大和民族とは日本語を母語とし日本列島に居住する民族であり、しばしば和人とも呼ばれる」

とある。それに加えて、

「日本列島の住民のうち、古代の大和朝廷や中世の武家政権の施政下にあった人々を指す」とも書いてある。大和朝廷の時代に、大和民族に敵対していた勢力に九州の隼人と東北地方の蝦夷がいた。隼人族は奈良時代に蝦夷族は平安時代に、それぞれが大和民族によって平定され、大和民族に組み込まれている。ただし琉球諸島の住民（琉球民族）と北海道のアイヌ人は明治になってから日本に組み込

まれたため、大和民族ではなく日本民族とされる。なお、琉球民族は中世に独自の王朝を築いた歴史をもち、日本と清国の両方に従属していたが、薩摩藩によって幕藩体制下に組み込まれている。そして、両属状態を解消して完全に日本に組み込まれたのが明治になってからということだ。

こうして調べていくうちに、気付いたことがある。大和民族という言葉だが、その意味は「大きく和する人々」ということで、和人とは「和やかな人」ということではないのか。このような見解は、寡聞にして筆者は今までに聞いたこともない。だが、まさしく読んで字の如し、これが日本人なのである。邪馬台国《ヤマタイコク》がヤマトに変じたと言うが、よくもまあ大和という文字を当てはめたものだと、筆者はつくづく感心するのである。日本人とは、まさしく大きく和する人々なのだ。ちなみに太平洋戦争で帝国海軍連合艦隊の旗艦として威容を誇った戦艦大和だが、1945年4月のレイテ沖でのアメリカ軍との交戦の果てに、はかなくも海の藻屑と消えている。「大和」はその名のとおり日本を背負う名であり史上最大の戦艦とされるが、このような戦艦に大和の名はふさわしくなかったのだろう。いささか悔やまれるところではある。

次は「八百万《ヤオヨロズ》の神々」について考えてみたい。日本人の中から自然発生的に生まれた神道において、崇め奉る神は八百万あると言われている。一方、神社の数は2013年(平成25年)の文化庁調べでは、伊勢神宮をはじめとして8万1000社以上あるという。富士山の頂上にも社はあるし、湖の湖面に浮かぶ小島にも赤い鳥居が立っている。そして小さな集落には、その土地の氏神様が祀られている。

このような神社の建設は、朝廷の意向や時の権力者の号令によって進められたケースももちろんあるが、大半は名もない日本人一人ひとりが自発的に取り組んだというべきだろう。険しい山の奥深くに社を建て、海を渡った小島に鳥居をつくるなど、これに従事した人々の内から湧き上がる熱い思いがそうさせたのだ。そうとしか思えないのである。自然という神への感謝と畏れ、当時の人々にとってそれがどれだけ深く重いものであったのか、想像するに難くはない。さらに驚くべきことは、それが奈良や京都などの都だけではなく、南は鹿児島から北は青森、さらには北海道までと日本全国に広まったことである。神社の建造に携わる人々にとっては、隣の集落そして隣国との競争だったことだろう。

「隣の村が社を作った。俺たちもそれに負けねぇ立派な社と真っ赤な鳥居を建てようぜ」

「でも、俺たちは貧乏暮らしでそんな金はねぇ……」

「金なんかなくたって、どうってことはねぇ。秋になれば米ができる。川へ行けば魚が取れる。一体、誰のおかげだと思っているだべさ」

「そりゃ、言うまでもねぇ。神様のおかげに決まっているべぇ」

「よく、分かっているじゃねぇか」

「あぁ……」

「だったら、おめぇら……。つべこべ言わずに、山へ行って木を切ってこい」

「あぁ……」

「俺たちゃ、石を運ぶでよ」

そんな具合に町から村へ、山から海へと広がっていったのだ。現実に、日本中至る所に大なり小なりの神社や祠がしつらえられている。六所《ろくしょ》神社がそこにあって、300メートル向こうにはまったく別の白山社がある。さらにそのまた向こうには、八剣《やつるぎ》社があったりする。そんな光景をあちらこちらで目にすることができるのだ。それに加えて、明治の新政府が天皇の名のもとに大石神社、松陰神社などの創建を認め、武士道や大和魂を象徴する侍たちを顕彰したことも忘れてはならない。神道というものはそれ程までに日本人の心をとらえ、その有り様を反映しているのである。そして今日、日本の神道は海外からも受け入れられるようになっている。筆者の知人に40歳前後のイギリス人夫婦がいる。彼らは伊勢神宮に何度も参拝し、その夫は伊勢神宮のお守りをペンダントのようにしていつも胸にかけているという。夫婦が口を揃えて言うことは、

「緑豊かな森の中に静かに鎮座する大神に深い精神性を感じ、魂が浄化されるような感じがする」

それで、神道における第一の神は伊勢神宮に祀られる天照大神《アマテラスオオミカミ》とされる。天照大神とは、言わずと知れた神武天皇から今上（令和）天皇に至るまで、126代に亘る日本皇室の始祖とされる大神である。この神は、農耕や林業漁業そしてものづくりを司るとされている。伊勢神宮は20年ごとに社殿を新しく作り変える式年遷宮を繰り返してきた。この制度は天武天皇の発意で始まり、次の持統天皇4年（690年）に第1回が行われた。一時中断されたこともあったが、復活して2013年には第62回の遷宮が実施されている。中断したのは戦国時代末期の120年ほどで、戦乱のため遷宮費用の徴収ができなかったためだ。その後、織田信長や豊臣秀吉が費用を献納して復活したという。式年遷宮の狙いは、ひとつには社殿の建築技術や刀剣そして馬具などをつくる技芸の伝承にあった。今日、ものつくり大国と呼ばれる日本の根幹は、伊勢神宮にこそあると言える。それは令和と呼ばれる今日も

続き、農民は今年取れた最高の米を、海で働く漁師は最上の鯛や鮑を、職人は丹精込めて作り上げた美しい工芸品を、それぞれが天皇家に献上することを何よりの喜びとし名誉としている。また天皇陛下御自身も皇居内の水田に御手植えの稲を育てられ、皇后陛下は養蚕に勤しみそれを手ずから布に織っていらっしゃる。日本という国は、自ら額に汗して働くことを貴び、喜びとする人々の集団なのである。

その次の神として、出雲大社の大国主大神《オオクニヌシオオミカミ》が挙げられる。出雲の国を拠点とし葦原中国《アシハラノナカツクニ》（すなわち日本列島、日本の国土を指す）を支配していた大国主大神に対して、天照大神がこの国をよこせと迫ってくる。それに抗いきれなくなった大国主大神は、自身の宮殿を建設することを条件にして、天照大神に国を譲ったという。神代の時代の国譲り伝説だ。その宮殿こそが、今日でいう出雲大社なのである。このことから、大国主大神は謙譲の美徳を日本人に示した神とされている。ちなみに、国譲りと言えば、幕末の１８６８年に田町の薩摩藩江戸藩邸で行われた西郷隆盛と勝海舟の会談、すなわち「江戸無血開城」を思い出す。このように、平和を願い無用な流血を避けるのが日本人である。このように書くと、先の太平洋戦争をもち出す人も多かろう。だがその答えは、先に示したとおりオランダはアムステルダム市長、そして各国の首脳たちが日本人に代わって説明しているとおりである。

次によく知られている神は、徳川家康を東照大権現として祀る日光東照宮、そして狐を象徴とする伏見稲荷大社などである。だが、それだけではない。さすがに八百万の神々と言うだけあって、味噌を祀る神社が熊本城の横にある。また、雨が少なくため池をつくって米作りをする香川県では、貴重な水をとても大切にしている。その丸亀市には、地中から湧き出す水、木の葉からしたたり落ちる水を神として祀る垂水《たるみ》神社がある。鰯の頭も信心から、と言われるように、日本人の信仰する神道においては、神と崇め祀る対象は自然界にあるものすべてなのである。「八百万の神々」とは数字の800万を意味するのではなく、八百屋《やおや》、万屋《よろずや》のことなのだ。野菜や果物、そして時には卵や鰹節などを扱う八百屋と、衣服、装身具、金物、文房具など何かと揃った万屋という意味で、何でも有りということだ。自然は私たち日本人に食べ物や衣服の素材を与え、住居の材料までも用意してくれるのである。だが、その自然も時には豹変し、地震、津波、飢饉に疫病そして台風や火山の噴火など恐ろしい災いを日本人にもたらしてきた。このようにして自然に感謝して敬い、またそれを畏怖する日本人の気持ちが、神道という日本固有の宗教を生み出したのである。その神道には、大げさな教義や経典など何もない。ただ、社殿の前に立ち頭を下げて手をたたき、感謝の気持ちを述べるだけのことだ。さらには、日本人とは自分たちに有益なものなら何でも受け入れる人々とも言えるのである。古くは遣隋使、遣唐使を繰り出して支那の政治手法を学び、その文化を取り込んだ。明治の時代には文明開化と称して積極的に欧米社会と接触し、新しい国の有り方を模索した。戦後はアメリカに憧れその後を追ってきた。これもまた我々日本人の八百万の精神、すなわち何でもありの気質なのである。

では、「八紘一宇《はっこういちう》」とはどのようなことなのか？　この言葉は、もともとは日本書紀に記された八紘為宇という言葉に拠っている。すなわち、「日本書紀の巻第三・神武天皇即位前紀己未年三月丁卯条の令」とされる。

「上則答乾霊授国之徳、下則弘皇孫養正之心。然後、兼六合以開都、掩八紘而為宇、不亦可乎（上は則ち乾霊の国を授けたまいし徳に答え、下は則ち皇孫の正を養うの心を弘め、然る後、六合を兼ねて以て都を開き、八紘を掩いて宇と為さん事、亦可からずや）」

という、いわゆる橿原奠都《かしはらてんと》の詔《みことのり》である。これは初代神武天皇が即位されるときの言葉で、

「天地四方八方の果てにいたるまで、この地球上に生存する全ての民族が、あたかも一軒の家に住むように仲良く暮らすこと」

つまり、世界平和の理想を掲げた精神を八紘一宇というのだ。天皇陛下が新年の一般参賀の場で、国民に向かって語りかけられる、

「日本と世界の平和を願います」

というお言葉がそうなのである。先に述べた日露戦争で捕虜としたロシア将兵やシベリアで親を亡くしたポーランド孤児、そしてユダヤ人難民などへの対応は、まさしく八紘一宇の精神にのっとった日本人独自の行動だ。欧米人そして支那人、朝鮮人がいさかいの種をまき、日本人がそれを摘み取ってきたということだ。またこの精神で日本は、台湾や朝鮮そしてパラオなどを統治したのである。日本はその地に学校や病院そして道路をつくり、産業も起こした。さらに朝鮮では、一般大衆を奴隷の身分から解放し戸籍や姓を与えた。このような日本の統治を、台湾やパラオの人々は今日でも大変感謝しているのだ。２０１１年３月の東日本大震災で、真っ先にそして最大の義援金を送ってきたのが台湾だし、パラオは日の丸を手本として国旗を制定している。こうした日本の統治方針は、欧米の植民地主義とは全く異なるものだ。オランダのアムステルダム市長が語ったように、彼ら欧米の帝国主義者は植民地からの搾取を目的とし、現地人を差別して奴隷のように扱ってきた。もちろん現地人のための病院や学校なども作ったこともないだろう。このような関係は、支那を宗主

国とする属国朝鮮にも当てはまる。およそ2000年に渡り支那に従属し搾取されてきた朝鮮は、1910年に日本が併合するまでは何もなかったという、世界の中でも最貧国だったのである。

戦後、日本が去った後の朝鮮半島は、北緯38度線を境界として朝鮮民主主義人民共和国（北朝鮮）と大韓民国（韓国）とに分断される。そして1950年6月、金日成に率いられた北朝鮮は中国とソ連の支援を受けて韓国側に侵攻する。東西冷戦の構図の中で、この戦争はアメリカを中心とする西側自由主義陣営諸国と共産主義国家との戦争となっていった。この戦争は3年続いた後、もとの38度線を境として1953年7月に休戦が成立した。朝鮮半島は北朝鮮（朝鮮民主主義人民共和国）と韓国（大韓民国）とに分断されたまま、現在に至っている。この戦争での北朝鮮側の言い分は、「北は南に勝利したが、アメリカ軍を主体とするイギリス、オーストラリアなどの連合国の支援でこう着状態に落ちいった。休戦条約はアメリカと結んだものだ」

と、こういうことになっている。だからして、北朝鮮の交渉相手はアメリカ合衆国というわけで、70年経った今日でも北朝鮮はアメリカを敵視している。韓国などはまるで眼中にないかの如く、頭からバカにして相手にしていないのだ。そして、現在もまだ中国の傘下にある北朝鮮は朝鮮労働党による独裁国家で、核開発にミサイル発射などの軍事力にすがりついている。だが、その内実は日本による統治以前のイザベラ・バード女史が見た当時に戻ったようだ。白骨死体とともに日本海を漂流し、秋田や青森そして北海道の沿岸にさまよいこむ北朝鮮籍のみすぼらしく老朽化した木造船がその実態を物語っている。かたや西側自由主義陣営の一員となった韓国は、日本からの援助をもとにして目覚ましい経済発展を遂げているのである。

そして我々日本人が、八紘一宇の精神を最も身近に感じる例がある。それは日本式の旅館に宿泊したときだ。

「まずは旅館備え付けの浴衣と羽織に着替える。それから大浴場にて旅の疲れを癒す。その後は、お揃いの浴衣や羽織を着込んだ宿泊客たちが大広間に集まり一緒に食事をする。そして、浴衣姿で旅館の中や温泉街を歩き回る」

このような旅館側の思いは、

「今宵一晩、あなた方お客様は当旅館の屋根の下で、私どもの家族としておもてなし致します。どうぞ、ご遠慮なくおくつろぎ下さい」

ということだ。当然ながら、多少の無礼や粗相は大目に見てもらえるのである。だが、それには甘えず、折り目正しく一晩過ごして、部屋の中をきれいに片付けてから立ち去るところがまた日本人なのだ。この点が、西洋式のホテルとは全く異なるところだ。

それに加えて、四国八十八所の霊場を巡るお遍路さんと、彼らを接待する地元の人々の関係も八紘一宇の精神に基づいている。お遍路さんと地元住民とは、弘法大師空海の傘の下に集う親子兄弟、親戚縁者すなわち一つの家族そのものなのである。

平成の今日〝八紘一宇〟という言葉さえ知らない日本人が多くなっている。だが、そんな言葉を知らなくても、誰からも教えられなくても、日本人一人ひとりが心の中の奥底にその精神をもち合わせているのである。ただ残念なことに、太平洋戦争中に八紘一宇という言葉は、大日本帝国の支那や東南アジアへの侵略を正当化するスローガンとして用いられたと、非難する向きもあるのだ。それに対して、この言葉は侵略思想を示すものではなく、人道の普遍的思想を示すものにすぎないと反論する声もある。歴史的事実として、日本は迫り来る欧米の脅威に対抗して太平洋戦争を戦った。その時、欧米の植民地とされていたインドネシア、フィリピンそしてインドシナなどに「大東亜共栄圏」を掲げて侵攻し、彼らの独立に貢献したのである。その証左として、アジア各国首脳からの独立に協力した日本への感謝の言葉が挙げられる。シベリアのポーランド人孤児の救済、捕虜となったロシア軍兵士の処遇、イギリス海軍将兵の救助などもその中に含まれる行いだ。さらに言えば、八紘一宇の精神は、飢饉に苦しむアフリカの人々を救った運動の原動力ともなっている。

１９８３年から2年間、アフリカ大陸のエチオピアは大飢饉に襲われた。その時の政権は無為無策のまま国民を放置し、数百万人が餓死の瀬戸際に瀕していた。この危機を救うために歌手のハリー・ベラフォンテが立ち上がって呼びかけ、マイケル・ジャクソン、クインシー・ジョーンズを中心としてボブ・ディラン、ポール・サイモンらアメリカの音楽家たちが集結して、「We are the World」なるキャンペーン・ソングを作り上げた。その収益金６３００万ドル（今日換算で約７６０億円）を寄付し、飢饉に苦しむ人々やアフリカの貧困層を支援したという。

その歌詞の要旨は、

「今まさに、飢えに苦しむ人々が死の淵に瀕している。我々、地球上に住む人々は皆が一つの家族となって、彼らを支援して守っていくのだ」

と、こんな内容だ。これこそが、まさしく八紘一宇の精神なのである。ちなみに、この曲は１９８５年1月に録音され、今日でも地球上の至る所で歌われている。

そして「大和魂」だが、この言葉を知らない日本人はいないだろう。この言葉を簡潔で分かり易く説明する短歌がある。幕末は安政の大獄で処刑されたあの吉田松陰が、死の直前に残した辞世の句だ。

「身はたとひ　武蔵の野辺に　朽ちぬとも　留め置かまし　大和魂」

そして、彼にはこんな句もある。

「かくすれば　かくなるべしと　知りつつも　やむにやまれぬ　大和魂」

この句を残した松陰の思いは、

「自分の損得など、どうでも良い。死のうが殺されようが、覚悟の上だ。正しいと信ずることに突き進むだけだ」

ということだが、これが大和魂というものだ。そして、このような行動をする日本人は、まだ他にもたくさんいるのである。ひとつは、豊臣秀吉や徳川幕府によるキリシタン弾圧で処刑された人々、迫害されてそれから逃れ人知れず山奥に隠れ住んだ人たちだ。当時、ポルトガルやスペインはキリスト教カトリックの宣教師を先頭にして地元民をキリスト教で感化し、やがて反乱を起こさせて政権を倒し植民地化することを狙っていた。江戸時代初期の１６３７年に勃発した島原天草の乱がその代表例だ。そんな企みに気づいた秀吉や家康は、キリスト教を禁制として宣教師や有力な信者を処刑した。また、そんな彼らを国外に追放もした。そして、残る信者たちには改宗を迫ったのである。激しい拷問の末に命を落とした人もいたのだが、別室には医師が控えており事後、傷の手当てもしていたという。これもまた日本人というべきだろうか。そんな人々を、その時の徳川幕府は、

「信徒たちは異国の神に魂を奪われ、宣教師の甘言にたぶらかされて日本を売り渡す外国人の手先で

ある」

と、みなしたのである。それでも幕府は慈悲の心をもつ統治者として、改宗すればその罪の大半を看過している。現に「絵踏み」さえすれば、無罪放免であった。だが、それを拒み異国の教えに従う以上は反逆者である。幕府の立場に立てば、彼らは幕府による統治を拒み徳川の権威を否定していることになる。

「教えを棄てよ。絵踏みさえすれば許すと言っているのがわからんのか。こやつらは、弾圧され迫害されることを自ら望んでいる。まったく、困った連中だ。いい加減にしてくれ。これ以上、世話を焼かすなよ。ほんと迷惑なのだよ、お前等は……。この大馬鹿者が！」

これこそが、当の幕府側の言い分である。それでも信徒たちは改宗を拒み、自ら進んでいばらの道を歩んでいったのだ。そんな彼らの多くは、名もなく貧しい農民や漁師であり戦乱で主家を失った牢人どもだった。彼らの多くは徳川幕府が正学とする儒学、朱子学を知るはずもなく、武士道などとは縁もない。だが、そんな信徒たちもまた武士道にのっとった行動をした。まったくのところ、大和魂を合わせもつ立派な日本人だったのである。

「門前の小僧、習わぬ経を読み」

という言葉もあるが、その言葉通りに一介の庶民たちもまた、日本人の一人として武士道や大和魂を身に着けていったのだ。というか、日本人の一人一人が生まれつきもち合わせていた大和魂という心根を土壌として、その上に武士道と呼ばれる精神文化が花開いたと言うべきだろうか。

次は、日本人なら誰もが知る赤穂義士の47人で、今さら説明の必要もない。己の命を懸けて主君の無念を晴らす。これぞ武士の鑑、大和魂というものだ。そして、死にゆく父や夫を支え送り出した妻女たちもまた見事の一言である。この人々の思いと行動は、21世紀の今日、世界中に広く知られそして敬愛されているのである。

それだけではなく、このような日本人はまだ他にもいる。中国のゴビ砂漠に３００万本のポプラの木を植え、農地に作り替えた遠山正瑛《とおやませいえい》氏、チェルノブイリの原発事故では信州大学助教授という職を捨ててまで現地での医療活動に無償で参加した菅谷昭《すげのやあきら》氏らである。彼らの行動もまた、「八紘一宇の精神」「大和魂」によって突き動かされたものと言うべきだろう。

ここで日本人の気質や特性を整理し、あらためてまとめてみよう。

「皆、仲良く。そのために、相手を尊重し互いに譲り合う人々」
「自然に感謝してそれを守り、神として敬う心根をもつ人々」
「農業、漁業そしてものづくりを大切にし、額に汗する労働を貴ぶ人々」
「自分の損得に拘らず、正しいと信ずることには命を懸けて挑む人々」
「互いに助け合って、災害や悲しみにも明るく前向きに立ち向かう人々」

このようなところだろうか。だが、こうした日本人の気質、特性は世界的視野で見ても極めて特異と言えるものだ。そして、それは神代の昔から今日まで連綿として受け継がれ、２０００年経った今日でも変わることはない。

第4章

かくなる日本人の気質と特性は、どのようにして形成されたのか

本書を書き連ねるうちに、筆者は前述の命題にたどり着いた。だが、このような研究や調査は何も今に始まったことではなく、古来、多くの学者や専門家たちが取り組んできたことだ。そこで、先人たちの研究成果を調べてみた。「日本人の起源」「日本語の由来」「日本列島の成立」「古事記と日本書紀」「日本人の気質、特性」などだ。だが、眼にして手にした情報はどれも筆者の思いとは異なるもので、期待するそのものずばりの研究報告には未だたどり着いていない。ただ、その一方では、自分なりの調査を進めてきた。その結果、思いついたことがある。

「このような日本人の気質や特性が２０００年以上続いたと言うのであれば、それに寄り添いともに歩み、変わることなく守り支えてきたものがもう一つ別にあるのではないか？」

ということだ。そうだ、あるはずだ。無ければ、おかしい。きっと、ある。では、それは何か？　例えて言えば、見知らぬ男女が恋に落ちて結婚し20年、30年と人生を共にするうちに、否応なくして互いに似たもの夫婦になっていく、そんなところだろうか。こうした日本人を妻とすれば、夫となるべきは何だろう。２０００年以上、日本人とともにあって変わらないもの、そして日本人を支えてきたものとは……？　気候……？　風土……？　だとすれば、それは日本列島ではないのか。そうだ、日本列島以外にはありえない。その昔、どこからか人々がここ日本列島に渡ってきた。そして彼らを迎え容れたこの小さな島々が、その地に住まう人々をこのような日本人に仕立て上げたのではないのか。もしそうだとすれば、

「日本列島とは、いったい何者なのか？」

「日本列島は、そこに住む人々、すなわち日本人に何を与えもたらしたのか？」

こうした疑問が新たに湧き起こり、次なる興味と探究心が頭をもたげてくる。そして、また眠れない夜が続くことになる。

さて、その日本列島だが地球上の位置関係を考えてみよう。我が国のほぼ中央にあり「尾張名古屋は日本のおへそ」と称される名古屋市を例とすれば、その市役所は北緯35度10分、東経136度54分にあたる。仮にここを起点とすれば、日本列島は東西南北に弓なりに伸びている。そして気候は温暖湿潤気候に分類され、もっとも寒い時期でも氷点下になることは少なく、夏は地域によっては熱帯と同じぐらいの暑さになる。このため四季の変化に富み、多くの動物が生息し多様な植物が自生する。そして雨も多く、至る所にきれいな水があふれている。気温、降水量共に農業に適しているところだ。日本列島に稲作が伝わったのは弥生時代と言われ、今から1700~2300年前のことだ。倭国や卑弥呼が登場する魏志倭人伝が書かれたのは西暦290年頃で弥生時代の末期、ちょうど『古事記』や『日本書紀』の神話の時代から大和朝廷（ヤマト王権）が誕生する頃のことである。それ以前でも日本列島は緑豊かな自然に恵まれ、秋になれば山には木の実やきのこが満ち溢れ、鹿や猪などはいつだって獲ることができた。そして海では、魚や貝それに海草なども豊富に手に入る。各地に点在する古代の遺跡からは、栗や桃そして梅の種、鹿や猪と魚の骨に多くの貝殻が出土している。その当時から、日本列島に住む人々は食料に不自由はしなかったし、温暖な気候で住みやすかったのだ。また、周囲を海に囲まれた日本列島はそれが防御壁となって、鎌倉時代の元寇を除けば、他国からの干渉や侵略を受けることはなかった。ただし、日本から出兵し朝鮮半島で戦った例（白村江の戦、秀吉の朝鮮征伐）はある。そんな平和で豊かな時代は、アメリカ海軍ペリー提督率いる黒船が来航する19世紀の半ばまで、２０００年は続いていたのである。それを裏付けるかのように、日本語についてこのような記述がある。

「日本語は系統関係の不明な孤立した言語のひとつであり、他の言語との系統関係が未だ明らかになっていない。隣接する朝鮮語とは文法構造における類似性は高いが、相違点も多く同系統の言語とは言い難い。また中国語との関係だが、古典中国語の文法語法の影響はあるものの、言語学的には系統的関連性は認められない」

ということは、日本列島は外の世界とはほぼ完全に遮断されていたのである。その日本語は主語がなくても話の意味が通じるし、結論はあいまいにして最後に置かれることが多い。それどころか、こんな言葉さえある。

「俺の目を見ろ。何にも言うな……」

日本人同士ではものを言わなくても、口には出さなくとも気持ちは通じ合うのである。こんな国がはたして他にあるのだろうか。ちなみに欧米の社会では、声高に自分を主張し相手を言い負かすことが求められるという。アメリカの大学においてはディベート（模擬討論）の講座が開かれ、将来、政治家を目指す若者には必須の科目だといわれるくらいなのである。

そして、１８３５年ガラパゴス諸島に到着したチャールズ・ダーウィンは、そこに生息するゾウガメの種類が多いことから「進化論」を思いついたとされる。このようにたどってくれば、我々日本人が住む日本列島こそがもう一つのガラパゴス諸島と言えるかもしれない。その証拠とも言える携帯電話がある。ガラ携とよばれる日本独自の高性能な携帯電話のことだ。ガラパゴス諸島のゾウガメのように日本列島にしかない携帯電話、日本以外では必要とされない携帯電話という意味だ。だが、日本列島とガラパゴス諸島では決定的な違いがある。ガラパゴス諸島は囚人たちの流刑地だったが、日本列島は八百万の神々がおわす平和なところということだ。その違いは、天国と地獄とでも言うべきだろか。

だが、ただ島国というだけではこうはならなかった。その好例がイギリスとニュージーランドだ。南半球にあり太平洋の南端に位置するニュージーランドは、他の世界から隔絶されているという点ではおそらく日本列島以上だろう。だが、その地に古くから住んでいた先住民のマオリ族は、17世紀以降入植してきたヨーロッパ人によって追いやられていく。そして１８４０年、マオリ族はイギリスとワイタンギ条約を結んだことで、ニュージーランドはイギリスの植民地となった。もう一つのイギリスのあるブリテン島だが、欧州大陸の西北に位置し、大陸からの最短距離はドーヴァー海峡を挟んで34キロということだ。そこは我が国の北海道よりもさらに北にあり、首都のロンドンは、北緯51度51分、東経０度とされている。そして、その地の多くには荒涼として殺伐とした大地が広がっているのだ。ちなみに我が国の北海道札幌市の市役所は、北緯43度４分、東経１４１度21分にある。ニュージーランドもイギリスと似たような土地柄で、地図で見れば南極大陸はすぐそこにある。そして、その南島には巨大な氷河が現存している。このような環境では、そこに住む人間にとって自然とは苛酷な脅威そのもので、克服すべき対象なのだ。その環境に馴染み溶け込んで感謝し、敬うような心境にはとてもなれないことだろう。それに比べて日本列島は温暖な気候に恵まれ、どこも緑の草木に囲まれて心和む穏やかな風景が広がっている。その上、この島々は豊富な食料も用意してくれる。日本列島に住む人々は、このような環境で互いに睦みあい心穏やかに暮らしてきたということだ。温暖な気候で、日々の食糧には事欠かない安定した暮らしを維持してこられたのである。日本人はこのようにして多くを望まず、明日に備えて身を慎むことを覚えたのだ。米でも芋でも魚でもその年に取れたものは、まずは最初に神に捧げてきた。自然に感謝し、そのすべてを食い尽くすことなく次のために残しておく。そして、翌年の収穫に期待する。日本列島に住まう全ての人は、数千年もの長きにわたってこのような営みを繰り返してきた。日本人の勤勉さと貯蓄精神はこのようにして育まれてきたのだ。さらに言えば、我々、日本人は日本人は日本列島がもち合わせる春夏秋冬の季節とともに生きてきたのである。古来、この列島の四季は春と夏、夏から秋への移り変わりが明確に判別でき、その上に春夏秋冬それぞれが独自の趣をもっている。春の桜そして秋の紅葉と、自然はその美しさで日本人の目を楽しませ心を潤してきた。また、秋には黄金の稲穂が実り、海へ出れば季節ごとにサンマやサバなどが手に入るのである。だが、いにしえの日本人はここで一つの問題に直面したはずだ。米を作るのはいいとして、その種籾はいつ蒔くのか。海へ出るにしても、その時期はいつなのか。ただやみくもに沖へ向かって舟を漕いだところで、アジやサンマがそこにいるとは限らない。種もみを植えるにしても、その時期を逃せば豊かな実りは得られない。そのために、日本の東北地方には桜の開花に合わせて籾を蒔く地区があるという。また、川には鮭が上ってくるが、その時を知らねば鮭を獲ることはできない。豊富な食料を確保するためには、その時期を知り時を逃さないことなのだ。食料を確保できるか獲物を獲り逃がすのか、まさしく死活の問題だ。こうして日本列島に住む人々は四季の中で時期を知ることに全力を傾け、その知識を親から子へと伝えながらその時を知り、命がけで時間を守ってきたのである。

今日、日本人は時間を正確に守る人々ということで、世界中に知られている。新幹線などJRの列車運行は世界一の正確さを誇っているのだ。列車の到着がたったの3分遅れただけで、「ただ今、3分遅れで運行しております。お客様には大変ご迷惑をおかけしております」。駅のホームに立っていると、何度も耳にする言葉だ。果たしてこんな国が、世界中で他にあるのだろうか。かくして日本列島は、そこに住む人々に勤勉さと貯蓄精神、そして時間を守ることの大切さを教え込んだのだ。それが現在の日本人というわけである。

さて、眼を再び欧州に向けてみると、大陸からほど近いブリテン島は他民族に征服された歴史をもっている。ケルト族の住むこの島にBC55年ローマ帝国のユリウス・カエサルが侵入し、同じくBC43年にはローマ皇帝クラウディウスによってブリテン島の大部分が占領された。そして5世紀には、アングロ・サクソン人が侵入し、ローマ人を追い出してもともといたケルト族を同化し、今日のイギリスの基を築いた。このような荒涼とした風景の中で他民族に征服されまた征服した歴史は、そこに住む民族の心の奥深くにどのような影響を与えたか想像するに難くはない。その当時このような土地柄では、食料だって充分ではなかっただろう。今日でもそうだが、当時の欧州、特にドイツなど北欧では国土の多くが深い森林におおわれていた。森を切り開いた土地はとても痩せていて農耕に適さず、小麦の栽培よりもライ麦を主な産物としていた。そのライ麦すらも十分に取れず、16世紀になって新大陸からジャガイモがもち込まれるまでは、貧しい農民たちは常に食糧不足にあえいでいたという。今からおよそ250年前の江戸時代、このようなヨーロッパから日本を訪れ、長崎から江戸まで旅したオランダ人のカール・ツンベルグは、目の前に広がる日本の豊かさと自国の貧しさとを比較して驚愕したことだろう。前述の『江戸参府随行記』は、随所にそのような思いが記されている。ちなみに「殺物の収穫倍率」について調べてみると、中世のヨーロッパでは小麦の収穫倍率は3倍であったとされる。小麦の種を1kg蒔いて、収穫できるのは3kgということだ。それに対して、現在の日本での米の収穫倍率は180倍であり、当時の日本では仮にその半分としても90倍ということだ。日本との差は歴然としている。結局のところ、彼らヨーロッパの人々は深刻な食糧不足におののき寒さに震えながら、生きるために奪いそして奪われる、殺しては殺される。欧州大陸の至る所で間断なく、そんな歴史を2000年以上も繰り返してきたのだ。この点が、日本とイギリス、ニュージーランドとの決定的な違いなのである。ちなみに、日本と欧州各国との人口密度を比較してみる。2006年と2008年の国連のデータによると、日本の国土37万8000平方kmに対して人口は1億2800万人で人口密度は336人、イギリスは24万3000平方kmの6200万人で253人、ドイツは35万7000平方kmの8200万人で230人である。人口密度はイギリス、ドイツ共に日本の7割前後である。このように人口が少ないという事実こそが、欧州における深刻な食糧不足と相次ぐ戦乱による殺戮の歴史を物語っているのである。前述のとおり、新大陸からもち込まれたジャガイモは、ヨーロッパでは貧しい人々の主食となっていた。特にアイルランドでは、多くの農民にとってこのジャガイモが唯一の食料であったという。そんな状況でジャガイモに疫病が発生し、1845年から1849年にかけてヨーロッパ全体が大飢饉に襲われた。これをヨーロッパ史では「ジャガイモ飢饉」と称するが、この結果、アイルランドでは100万人もの餓死者を出し、150万人が国を捨ててアメリカなどへ移民したという。正確な数値は不明とされるが、アイルランドの人口は推定800万人から550万人程度に激減したという説もある。この当時のアイルランドは大英帝国の支配下にあり、その圧政も原因の一つとされている。ちなみに、1997年のアイルランドで開催された追悼式典の場で、イギリスのトニー・ブレア首相はその責任を認め謝罪している。

次は、そうした歴史をもつ人々の神と、日本の神とを比較してみる。欧米諸国やアラブ各国の人々は、旧約聖書の出エジプト記（古代イスラエルの民族指導者モーゼが、虐げられてきたユダヤ人を率いてエジプトから脱出する紀元前13世紀頃の物語。ただし今日では、モーゼの実在と物語の信ぴょう性は疑問視されている）に始まって、神の名のもとにいざこざや紛争、戦争を繰り返してきた。古くは十字軍の遠征、近年ではイスラエルとそれを取り巻くアラブ諸国との紛争に戦争、そして欧米の各地で繰り返されるテロ活動だ。このような紛争の地は今や欧州全土、地中海沿岸のアフリカ大陸そして中近東に及ぶ。そこに住む人々は、2000年以上にわたってそんなことを繰り返してきた。自ら銃をもって勇ましく戦う兵士たちも、その地に住みいやおうなく戦乱に巻き込まれる人々も、本心では「もういやだ。いい加減にしてくれ！」と、願っていることだろう。だが、その一方では引くに引けない、意地と意地とのぶつかり合いでもあるわけだ。2000年にわたって奪い合い殺し合うことに明け暮れてきた人々に、一朝一夕に平和が訪れるとは思えない。アメリカ合衆国のトランプ大統領が2017年12月、エルサレムをイスラエルの首都と承認したことで、この紛争に新たな火種を投げつけた。「火に油を注いだ」と言っても良い。そんな状況に置かれた人々がその教会に出向き、磔によって処刑されたイエス・キリストの像を目にする時、どのような印象をもつのだろうか。キリスト教国の人々は、幼い頃からこのような神の姿を毎日眺めながら成長するのだ。

「あいつらは俺たちの神、預言者をこんな目にあわせた。許せない！　復讐だ、仕返しするのだ」
こんなことを考える人間が出現しても少しも不思議ではない。いや、むしろ当然かもしれないし、そのように仕向けているとも考えられる。

迫害されるユダヤ人が、預言者モーゼに率いられてエジプトから去ったのが紀元前13世紀のことだ。そして、イスラエルのナザレに住むイエス・キリストがそのユダヤ教を批判する。ユダヤ教徒たちは、その地を支配していたローマ帝国にイエス・キリストを引き渡し処刑させた。その日は正確には不明だが、西暦30年から34年頃とされている。それから６００年ほど経った頃、アラビア半島のメッカに預言者ムハンマド（マホメット、モハメッドとも呼ばれる）が出現し、新しい教義を唱えイスラム教の布教を始める。そのムハンマドもまた他の宗派から迫害されるが、彼はイスラム教ではモーゼ、イエスに続く最後にして最高の預言者であり使徒とみなされている。まずはユダヤ教があって、次にあるのがキリスト教で、イスラム教はそのまた次だと言っているのだ。この３つの宗教（宗派）は、もとはと言えばエホバ（ヤハウェ）を神とする一つの宗教であったのが、教義の解釈（預言者のお告げや表現のしかた）の違いにより別の宗派に分かれたのである。彼らはその聖地をいずれもエルサレムとしているが、これがその証左ということだ。やがて、聖地とされるエルサレムはイスラム教徒が支配することになり、その地に巡礼に行くキリスト教徒たちがイスラム教徒によって迫害される。11世紀になると、ヨーロッパのキリスト教徒は聖地奪還のための戦を仕掛ける。これが世界史でいう「十字軍の遠征」なのだ。それだけではない。キリスト教徒の多いヨーロッパでは、ユダヤ教徒は嫌悪され憎しみの対象とされていた。シェークスピアの小説『ベニスの商人』がそれを物語っている。それには、イエス・キリストをローマ帝国に売って処刑させたユダヤ人に対する憎悪の念が根底にあるのだ。そして、第2次世界大戦の最中、ヒットラー率いるナチスドイツがユダヤ人の皆殺しをはかり虐殺を始める。だが、独裁者ヒットラーをもってしても、たったの一人であんなことができるわけがなく、当時、ヨーロッパのキリスト教徒たちは同じような気持ちでユダヤ人に接していたのだ。ナチスドイツによるユダヤ人虐殺の本質はキリスト教とユダヤ教の宗教的な対立であり、その根底には異教徒への不信感と嫌悪感そして蔑視が潜んでいる。ちなみに、黒人への人種差別はアメリカ合衆国だけの問題のように思われているが、決してそうではなく、キリスト教社会における異教徒への迫害が相手の人権無視と人種差別につながり、行きつく先は牛馬のごとき存在の奴隷にするというわけだ。そのようにして欧州で迫害されてきたユダヤ人たちは、第2次世界大戦が終わった1948年5月、パレスチナの地に自分たちの国イスラエルを建国する。ユダヤ教徒が聖地とする「嘆きの壁」のあるエルサレムはまたキリスト教、イスラム教の聖地でもあり、そのパレスチナの中にある。そもそも嘆きの壁は、紀元前20年にユダヤのヘロデ大王が修改築したエルサレム神殿の壁の一部なのである。エルサレム神殿そのものは、紀元前10世紀には既にこの地に存在していたとされる。その地を追われ各地に散在していたユダヤ人が父祖の地に集結して奪還し、2000年後に独自の国を作ったと言うわけだ。だが、その一方では収まらないのが土地を奪われたイスラム教徒で、これを機にしてユダヤ教徒とイスラム教徒の対立、紛争が激化する。そして1967年6月、イスラエルはエジプトと本格的な戦争に突入した。そして今では、パレスチナやシリアの難民問題も深刻化している。11世紀に始まった十字軍の遠征以来、21世紀の今日まで聖地エルサレムを巡ってキリスト教徒とイスラム教徒は血みどろの抗争を繰り返してきた。それにユダヤ教徒が絡み、三つ巴の抗争となって事態はより複雑化し、収拾の目途すら立っていない。

そのようにして神の教えのもとにいがみ合う人々が、恵比寿様、大黒様といった笑顔も福々しい日本の神々と、緑豊かな自然に囲まれた神社仏閣を目にすれば、誰だって日本に憧れ日本人に魅かれることだろう。

「日本というのは、なんて変な国なのだ」「不思議な国だよな」

と、最初はこんな風に感じているのだが、

「でも、楽しそうだな」「平和でいいな」「一度、行ってみたいな」

と、思い直す。そして、またあの声が聞こえてくる。

「日本大好き」「日本へ行きたい」「日本人になりたい」と。

結局のところ、日本人がそのような気質や特性をもつに至ったのは、ひとえに日本列島のおかげなのだと、筆者はそんな思いにたどり着いたのである。では、その日本列島の特徴とは何か、それを以下にまとめてみよう。

「緑豊かで、心安らぐ風景に取り囲まれるところ」
「温暖な気候と、清らかで豊富な水に恵まれたところ」
「分かち合えるほど豊富な食糧が手に入るところ」
「外乱により脅かされたり、惑わされることのないところ」

このように書き連ねてみて、

「我々、日本人が住む日本列島は地上の楽園だ」

と、あらためて気がついたのだ。ただし、これはなにも筆者だけではない。前述のイギリス人写真家ハーバート・G・ポンティングはその著書『英国人写真家の見た明治日本』の副題を「この世の楽園・日本」としている。もちろん、大和朝廷が日本を平定する過程では九州の熊襲族に隼人族、奥州の蝦夷族などと幾多の戦いがあったことも歴史的な事実である。だが、その後の朝廷はその経済力を背景として、豊かで穏やかなそして美しい日本の文化を築き上げていった。そして日本人という侍たちは、日常の生活は言うに及ばず戦いの場においてすら、まさに死にゆく間際にまで美しさと潔さを追い求めた。凛として見る目にも美しい武将たちの鎧兜が、侍たちが修行をした禅寺のたたずまいがそれを如実に物語っている。その根底にあるもの、それこそが自然を慈しみ尊重する思いである。こうした文化を愛し守り育てた心根もまた、この日本列島がもたらしたものと筆者は考える。このような楽園に住む日本人だからこそ、他国に例を見ないような気質や特性を身に着け、独自の美意識すらもつに至ったのだ。その象徴が「城と桜」だ。城の天守閣を背景にした満開の桜は、「花は桜木、人は武士」という言葉どおりに潔く美しい、まさしく日本そのものだ。はらはらと散りゆく桜もまた美しい。そんな日本人の精神は、21世紀の今日でも全く変わっていない。２０１１年３月の東日本大震災への対応がその証だ。大自然からあれ程に酷い仕打ちを受けながらもそれを恨み憎むこともなく、また、ひるむこともなく自暴自棄になることもない。２０１６年４月に起きた熊本地震では、倒壊した家屋を前にして年老いた夫婦が、

「家は壊れてしまったが、夫婦二人が無事でいられた。これもひとえにせいしょこさま（清正公、加

藤清正のこと）のおかげです。ありがたいことです」

と、崩れ落ちた熊本城の天守閣に向かって感謝の思いでその両手を合わせているのだ。その熊本では、加藤清正は加藤神社に神として祀られている。市民から崇められ、そして親しまれているのである。そんな日本人の思いは、

「皆、仲良く。そのために、相手を尊重し互いに譲り合う」

「自然に感謝してそれを守り、神として敬う心根をもつ」

「農業、漁業そしてものづくりを大切にし、額に汗する労働を貴ぶ」

「自分の損得に拘らず、正しいと信ずることには命を懸けて挑む」

「互いに助け合って、災害や悲しみにも明るく前向きに立ち向かう」

ということなのだ。ようやくにして筆者の思いはここに至ったわけだが、次の瞬間、また新たな疑問が湧き起こる。

「では、あの戦国時代は一体何だったのか？　互いに欺きあい騙し合って、血で血を洗う戦いを重ねて……。その考えは、違うじゃないか。間違いだろう」

まったくその通りで、地上の楽園の日本ですらそんなすさんだ時代が150年も続いたのだ。だがしかし、その時、戦に明け暮れていたのは侍どもで、その他多くの農民や商人、職人などの一般庶民には関係のないことだった。確かに領主や侍どもに重い年貢を取り立てられて、農民は皆貧しかった。戦にも駆り出され、命も落とした。でも、飢え死にするようなことはなかったのだ。そんなことになれば、困るのは侍どもだ。当時、百姓は生かさず殺さず、という言葉すらあった。貧しい中でも農民

たちは互いに助け合って、明るく前向きに立ち向かって生きてきたのではないのか。事実、この時代には苦しい毎日を送る天皇に粽を運んだ庶民もいたのだ。農民たちの多くが貧しく困窮していたとはいえ、打ち続く戦乱で国中が混乱していたとはいえ、決定的な食糧不足にはならなかったのだ。その好例が、1600年10月21日（慶長5年9月15日）の関ヶ原の戦いだ。この時、東西両軍合わせて18万人の軍勢がその場に集結した。だがこの戦いは、半年前の徳川家康による出羽米沢の上杉景勝討伐に始まり、北は出羽山形の最上氏から南は薩摩の島津氏までを巻き込んで、10万人以上の軍兵がおよそ半年の間、西から東へ、北から南へと日本全国を駆け回った戦でもある。彼らの仕事はもっぱら殺し合うことで、この間、何の生産活動もしていない。戦場での食料は米と味噌が主だったというが、一体どれだけの食糧を要したことか。10万人の半年分の食糧だ。今から60年ほど前まで日本人は日に3度米を食べていたが、その当時、大人ひとりが1年間に消費する米は一石と言われていた。それからすると、少なくとも米が5万石、味噌の材料となる大豆も同じく5万石程度は要しただろう。それだけではない。戦場となった地では田畑は踏み荒され、農民は戦に駆り出された。当然ながら農村は疲弊し、穀物の収穫量は大きく減ったはずなのだ。それでも、「どこそこの軍勢は、食糧不足で腹が減って動けず戦に負けた」とか、「あそこでは侍どもに食料を奪われ、領民から多数の餓死者が出た」などという記録は見たことがない。もちろん、籠城して兵糧攻めにあえば飢え死にもしただろうし、飢饉となれば餓死者も出よう。また領主の圧政に対して、農民たちは一揆を起こして戦った。だが、これはまた別の話だ。長崎から江戸へと旅したオランダ人のツンベルグが書き残したように、日本は飢饉が少ない国なのである。ただ、彼が日本を去って6年後の1782年（天明2年）、日本は未曽有の飢饉に襲われた。天明の大飢饉だ。この飢饉は連続して6年続き、東北地方では20万から30万人が飢え死にしたと言われる。もちろんのこと、ツンベルグがこのような事態を知る由もない。そしてその東北では、それ以前にも数年に一度は夏にやませ（東方から吹きつける冷たい風）が吹いて冷害をもたらし、農民を苦しめていた事実も無視はできない。だが、米は取れなくても、農民たちは芋や蕎麦を育てて食いつないできた。そうした事実を踏まえても、そして戦乱の世においても、日本の食糧事情は通常であれば何ら生産活動をしない10万人以上の軍兵を半年間もしくはそれ以上、養う余力があったということだ。ついでに言えば、関ヶ原の戦いに先駆けて上杉征伐に出陣する家康に対して、東軍に加勢した福島正則は20万石の兵糧米の提供を申し出ている。この米は亡き主君の豊臣秀吉から福島正則が預かっていたものだ。20万石と言えば、当時の日本では20万人が1年間に消費する米の量である。つまるところ筆者の結論は、

「この日本列島があればこそ、そこに住みついた人々がもとはどんな人間であったにせよ、かくなる日本人になり変わった」

ということになる。日本列島という楽園が、このような日本人を作り上げたというわけだ。

〝あぁ……、やれやれ！〟

これで一区切りついたといったところだ。

だが、話はこれで終わらない。つくづく因果な性分ではあるが、またまた新たな疑問に襲われる。

その疑問とは、

「では、日本人が２０００年以上の長きにわたり天皇家を敬愛するのはなぜか？」

ということだ。これもまた大いに興味をそそられるテーマではある。で、次なる第5章ではその理由について考えてみたい。

第5章

日本人が天皇家を敬愛する理由

この命題については、換言すれば「天皇家が存続してきた理由」ということになるのだが、これまでにも数多くの人々が研究しその成果を発表している。例えば、こんな説だ。

「日本で第一の霊力をもつとされる天皇を殺すことにより発生する怨霊、祟りを非常に恐れた」

「日本という国は〝天照大神《あまてらすおおみかみ》の子孫だけが日本を統治する〟という考えで成り立っている。この考えのもとで天皇は存続してきた」

「時の権力者が、天皇の権威を利用するために存続させた」

「天皇は戦争や紛争を好まず、自らそのようなことをしていない。だから生き残ってきた」

などである。この中の、天照大神の子孫だけが日本を統治する、という説は江戸時代の中期に伊勢の国松坂で『古事記』を研究した国学者、本居宣長（1730年～1801年）が主張したものだ。彼は権力の正統性を血統に求め、天照大神の血を引く天皇家こそが唯一日本支配の資格を有するとして、その支配体制を容認し擁護している。筆者としてもこのような説に対しては、確かになるほどとは思う。だが、どうもしっくりこないし、何かが足りないようにも思われる。その見方が一面的で、無理してこじつけているようにも受け取れる。そんな単純なものではないだろう。また、明らかに間違いと思われる説もある。天皇家の長い歴史の中には、権力闘争に明け暮れ自ら戦乱の種をまいた天皇もいるし、天皇家と日本国を呪い狂い死にした天皇すらいるのである。ちなみに大正時代の1910年代には、「天皇機関説」を唱え、

「天皇は国家におけるひとつの、かつ最高の機関である」

と主張し、論争を巻き起こした憲法学者もいた。だがこれは、天皇を明治政府が創り出した国家統

治機構の一部としてとらえたにすぎず、２０００年に及ぶ天皇家の存続理由を追及する筆者の意図とはまったく異なるものだ。そこで、筆者は独自に調べ研究した。ここではその成果を述べさせていただく。

天皇家の歴史を記した『古事記』に描かれる神話の世界では、はるか遠くの昔にしてまだこの世には何も存在しない頃、天と地が二つに分かれ天上界に神が出現する。しかし、神々は次々と現れてはどこかへ消えていった。やがて一組の夫婦神が登場し、これをきっかけにこの世のすべてが動き出す。イザナキ（伊耶那岐神《いざなきのかみ》）とイザナミ（伊耶那美神《イザナミノカミ》）だ。この夫婦は「国生み」「神生み」を行い、地上に国土を作り出し森羅万象の神を生み出しいく。だがイザナミは火の神カグツチ（火之夜芸速男神《ひのやぎはやおのかみ》）を生む際、陰部に火傷を負って死んでしまう。イザナキは死んだイザナミを忘れられず、死者の国である黄泉の国へと赴いた。そこでイザナキが見たものは、体中にうじ虫がたかり、八柱の雷神が湧きだすという醜く変身したイザナミの姿であった。恐れをなして逃げ帰るイザナキに、怒ったイザナミは追手を差し向けた。迫り来る追手に、イザナキは身に着けた髪飾りや櫛の歯を投げつけて応戦する。すると、髪飾りは山ぶどうに、櫛の歯はタケノコに変わったという。また、雷神が襲い掛かってきたときには、道端になっていた桃を投げつけて撃退する。最後にはイザナミ自身が追ってくるが、イザナキは黄泉の国の入り口である黄泉比良坂《よもつひらさか》を大岩で塞ぎ、行く手を阻んだ。イザナミが悔しさのあまり「地上の人間を１日に１０００人殺してやる」と叫ぶと、イザナキは「ならば、俺は１日に１５００人の子を産ませよう」と答えたとされる。かくしてこの夫婦は永遠の決別を迎える。そして黄泉の国から人間世界に戻ったイザナキ（伊耶耶岐神）は、日向（宮崎県）の阿波《あわ》岐原《きはら》に赴き黄泉の国での穢れを清める禊《みそぎ》を行う。杖を置き、冠や腕輪などの装身具を外して衣服を脱ぐと、それらからは十二柱の神々が誕生する。そして顔を洗うと、その左目からは太陽神アマテラス（天照大御神）が、右目からは月の神ツクヨミ（月読命）が、そして鼻からはスサノヲ（建速須佐之男命）が誕生する。だが、父親であるイザナキの怒りに触れたスサノヲは葦原中国《あしはらのなかつくに》から追放されてしまう。その挙句に、高天原に居座ったスサノヲは乱暴狼藉を繰り返す。それを恐れた太陽神アマテラスは天石屋戸《あまのいわやと》に身を隠す。すると高天原から葦原中国が闇に包まれてしまう。こうして、「天石屋戸伝説」「五穀誕生伝説」「オオクニヌシの国譲り伝説」「天孫降臨伝説」などの数々の神話が語り継がれていく。そして初代神武天皇が即位するのが、紀元前６６０年のこととされる。以来２６７８年の間、第１２６代の今上天皇に至るまで途切れることのない家系、これが万世一系の天皇家である。この間、何度も存亡の危機に立たされるも、天皇家は変わることなく今日までも続いている。臣下の専横を断ち切る乙己《いっし》の変《へん》（６４５年、中大兄皇子と中臣鎌足らが蘇我入鹿を暗殺し、蘇我氏の専横体制に終止符を打った事件。大化の改新ともいう）、朝廷が2つに割れて対立する南北朝の時代、戦国時代の世の中の乱れによる窮乏生活、そして太平洋戦争の敗北による皇室存亡の危機などだ。また、古事記に描かれた天皇家の歴史の中には、暴君ともいえる神や権勢欲の固まりとなった天皇もいる。オオクニヌシノミコト（大国主命）が作り上げた出雲国（葦原中国《アシハラノナカツクニ》）を譲れと迫るアマテラスオオミカミ（天照大御神）の神話は国譲り伝説として今に伝わっているが、別の見方すなわち悪意をもって考えれば、それは暴力団の恐喝行為となんら変わらないことだ。また、日本史上最凶の怨霊とされる第75代崇徳天皇は、権勢欲に固まった父親の鳥羽上皇から疎まれて天皇の座から追い落とされる。さらに法皇となった鳥羽上皇が崩御する際、死の床を見舞おうとするがそれも拒絶された。法王は自身の遺体を崇徳上皇には見せないようにと、側近に言い残したとも言われる。こうした扱いを受けて、崇徳は天皇に復位するという望みも完全に絶たれてしまう。不遇を嘆く崇徳院（崇徳上皇）だが、彼には摂関家の藤原忠実とその二男の頼長が寄り添っていた。一方その藤原氏では、当主の忠実と長男の忠通とが対立していたのだ。そして鳥羽法皇が崩御して間もなく、その後を受けた後白河天皇は藤原忠通や源義朝らと謀って崇徳院と藤原忠美を襲撃する。崇徳院は側近の源為義、平忠正らを集め反撃に出るが、その戦いに破れてしまう。これは皇位継承に関する問題と摂関家の内紛に、武家が介入した最初の事件となった。１１５６年（保元元年）のことで、日本の歴史上これを「保元の乱」と呼んでいる。この結果、武家が存在感を増し、やがて平清盛が朝廷内を牛耳るようになる。清盛の死後には、その平家を源頼朝が倒して鎌倉幕府を起こす。１１９２年（建久３年）のことである。但し、鎌倉幕府の成立時期は、１１８５年（文治元年）とする説や１１９０年（建久元年）を唱える向きもある。何をもって政権樹立を定義するかで、見解が分かれているのだ。それはともかくとして、「保元の乱」はそれ以後、明治維新までの７００年近く続く武家政権のきっかけとなった乱でもある。敗れた崇徳院は罪人として四国の讃岐に流され、二度と京の都に戻ることはなかった。その配流先でも彼は、鳥羽上皇の後継者として朝廷内にある後白河院（天皇）から冷遇された。激昂した崇徳院は舌を噛み切り、

「自分は日本国の大魔王となり、天皇を呪って平民に下し、平民をもって天皇にしてやる」

と、呪ったという。そして、爪や髪を伸ばし続け夜叉のような姿で崩御した。その棺からは、蓋

を閉めているのにもかかわらず血が溢れ出たという。その後朝廷内では、崇徳院を遠ざけた健春門院、高松院などが相次いで死去する。また都では、朱雀大路から内裏までをも焼き焦がす安元の大火（1177年、安元3年）が発生した。これらの変事は、怨霊となった崇徳上皇の祟りとされている。なんともはや、凄まじい話ではある。また、96代後醍醐天皇は1331年（元弘元年）打倒鎌倉幕府を画策して笠置山（現在の京都府相良郡笠置町）に籠城するが、幕府軍によって捕えられ隠岐島に流される。これを「元弘の乱」という。そして1333年（元弘3年）、名和一族の支援で隠岐島から脱出した後醍醐天皇は、楠正成、新田義貞らの奮戦で鎌倉幕府を倒し天皇主導の政権を樹立している。これは我が国の歴史上「建武の新政」と称されている。この時、後醍醐天皇は奈良の吉野にて政権を樹立した。それは吉野朝廷（南朝）と呼ばれ、源氏の血を引く足利尊氏が支援する光厳天皇の京都朝廷（北朝）との二つに割れて対立したのである。南北二つに分かれた天皇の対立は、1392年（明徳3年）までの60年間続いたのだ。いかに天皇家といえども、出雲の国譲り伝説やヤマトタケルの熊襲討伐など、この国を統一するときにはやくざまがいの非道な真似もしたし権勢を維持するためには謀略をもって敵を倒してもいる。また、政権を奪い取るためには親子兄弟での抗争も経験しているし、天皇自身が罪人とされ島流しにされた歴史もあるのだ。今も昔もそして洋の東西を問わず、政権を追い求めその座に就くことを狙う輩にとっては、決してきれい事だけでは済まされない世界ではある。

では、この間すなわち2000年の長きにわたって、日本人はどのような思いで天皇家と向き合ってきたのか。前述の川端道喜の話もその一つの例だ。彼は戦乱で荒れ果てた御所の破れた土塀をくぐり抜け天皇のために朝餉を運んではいるが、家を焼かれて住処を失い京の都をさまよう市井の人々にまで無料で配ったのか。さすがに、彼が慈善家だったという話は聞いていない。道喜にとって天皇とは、それほどまでに特別な存在だったということだ。そしてもう一人、織田信長の例がある。信長は革新的な性格で、極めて短気な暴君であったとされる。彼は南蛮貿易を進めて西欧の文物を積極的に取り入れ、キリスト教を推奨していた。その反面では、比叡山を焼打ちし女子供も含め全山を皆殺しにしている。それだけではない。彼は、農民や浪人たちを扇動して各地で一揆を重ねる本願寺の勢力とも敵対した。また、妹お市の方の夫である浅井長政を攻め滅ぼし、その頭蓋骨を盃にして酒宴を張ったことでも知られている。その上、室町幕府の将軍家を利用するだけ利用し、挙句の果てには足蹴にしている。信長は第15代室町将軍足利義昭を奉じて上洛しているが、後になって対立して追放しているのだ。１５７３年（元亀４年）のことで、これをもって室町幕府は消滅したとされる。その信長にして、あの桶狭間の戦いに出陣するとき熱田神宮に参拝し必勝祈願をしているし、天皇の権威の前には跪いているのだ。彼の官位は年とともに上昇し、１５７７年（天正５年）11月には朝廷より従二位右大臣に任命され、右大臣《うだいじん》兼右近衛大将《うこんえのたいしょう》と称し、右府《うふ》殿と呼ばれた。右大臣とは朝廷の政務を司る職位で、左大臣に次ぐものだ。左大臣不在のときは政務儀式のすべてを取り仕切る。比叡山や本願寺すら敵に回した信長が、戦乱で中断していた伊勢神宮の式年遷宮に資金援助し復活させているのである。時は、第１０６代正親町天皇の御代であった。だが、天皇に対するこのような思いは単に信長だけでなく平清盛、源頼朝、足利尊氏、豊臣秀吉、徳川家康などその時代の覇者すべてが天皇の前では頭を下げて跪き、このような官位を欲したのである。従一位、征夷大将軍、関白太政大臣などだ。また、各地の有力大名たちも競って官位に群がった。国を取った後は官位を望んだのだ。ちなみに室町幕府で甲斐、信濃の守護職であった武田晴信（信玄）の官位は従四位下大膳大夫だった。このような武家たちの思いと行動から前述した、

「時の権力者が、天皇の権威を利用するために存続させた」

と、こんな説も唱えられたのであろう。だが、こんな考えは世界的な視野に立てば日本以外ではありえない。隋とか唐、明に清と称する支那の各王朝がその代表だし、フランスではナポレオンの例がある。権力を握れば、その男が皇帝になるのだ。しいて言えば、この関係はヨーロッパにおける教会と国王との関係に似ている。16世紀にローマ教皇庁から分離したイギリスでは、国王が国教会の首長を務めることになっているが、これは日本における神道と天皇との関係に良く似ている。その日本では、秀吉は豊臣の姓を下賜される以前には藤原姓を名乗り、もうひとりの家康の官位は１５９６年（文禄５年）時点で、正二位行権大納言兼左近衛大将源朝臣家康となっている。藤原姓も源姓も、もとはといえば天皇家の出自である。農民の子の秀吉と三河山中の土豪上がりの家康が、天皇家と直接に血のつながりがあるとは思えない。天下を取った後の彼らは、天皇家との血のつながりをねつ造までして追い求めたということだ。このような行動は「天照大神の子孫だけが日本を統治する」という前述の考え方に基づくものだが、この時点ですでにこうした思いが日本中に浸透していたということになる。こうした武家たちの思いや行動を一言で表現すれば、

「日本人の究極の望みは、おのれの存在を朝廷から認めてもらうこと」

ということになる。最大の神である天皇により近づき、あやかりたい。そんな思いで、血のつながりを主張するのだ。その結果として、死後の彼らもまた神として祀られている。天照大御神、すなわ

ち天皇家の始祖を祀る伊勢神宮を頂点とする日本の神社組織の一員となっているわけだ。その代表例が日光東照宮に祀られている徳川家康であり、金沢には前田利家を祀る尾山神社がある。また、刀匠は自身が鍛えた最高の刀を天皇家に献上することを、最大の名誉としているとも聞いている。このようにして日本人は、時の権力者から名もなき市井の一庶民までが、こぞって天皇家を慕いもち上げて支え続けてきた。その思いが頂点に達したのが、１９４５年の敗戦である。強大なアメリカと連合国軍を前にして、日本国民は一体となって天皇家を守り切った。

その一方で海外に目をやれば、帝国が倒されればその国王一家は殺されるか、国を捨てて亡命するのが当たり前なのだ。１９１７年のロシア革命ではロシア帝国ロマノフ王朝が倒され、国王ニコライ2世とその家族は処刑された。１９７８年のイラン革命では、パフラヴィー王朝の国王はその家族とともにアメリカへと亡命している。イラクの独裁者サダム・フセイン大統領も処刑された。これが世界の、と言うか少なくとも欧米諸国の常識なのだ。だが、日本だけは違う。あの連合国軍総司令官マッカーサー元帥にしても、天皇は尊重せざるを得なかった。戦争に敗れたとはいえ、日本国民は天皇を退位させるどころか、ひとつになって必死に守り抜いたのである。

「天皇に手を出せば日本国民すべてが武器をもって立ち向かい、連合国による日本統治は大混乱し失敗するだろう」

そんな情報もマッカーサー元帥の耳に届いていたのだ。困窮して食べるものがなくても、戦争に負けても日本国の天皇は天皇なのである。ただし、この時の相手がアメリカ合衆国でそのトップがマッカーサー元帥であったという幸運にも恵まれたことは否定できない。彼は民主主義の国アメリカ合衆国の知性を代表する人物でもあった。仮にその時、日本を占領した国が共産主義を唱え革命で政権を奪ったソ連や中国だとすれば、とてもこうはいかなかっただろう。彼らは自国の皇帝にしたように、真っ先に天皇を処刑したか追放処分にしたはずだ。こうした事実を直視するとき、鎌倉時代の元寇が思い起こされる。蒙古と高麗の連合軍15万人が４４００百艙の軍船に乗って日本に襲いかかってきたのだが、神風が吹いて撃退したといわれる戦役だ。そして、敗戦後の日本にはまたしても神風が吹いた。マッカーサー元帥という巨大な神風が天皇家とこの日本を守ってくれたのだ。その背後には、たった一度の会見で元帥を心酔させ、その信頼を勝ち取られた昭和天皇の存在がある。それはともかくとして、このような事実を直視するとき、

「なぜ日本人は、敗戦の混乱の中でも一体となって天皇家を守り抜いたのか？」

「ろくに食べる物もなく、住む家すらない焼け野原の中で日本国中を行幸する天皇をあれほどまでに敬慕し、歓迎したのは、なぜか？」

「令和の今日、新年祝賀の一般参賀や天皇誕生日に皇居におもむき日の丸の小旗を打ち振る人々が大勢いるが、何が彼らを突き動かしているのか？」

筆者には、さらにこのような疑問が湧き上がってくるのだ。だが、これを解き明かせば日本人が天皇家を敬愛する理由が判明するはずだ。もう、あと一息だ。

さて、アメリカ合衆国の大統領やオランダの国王夫妻などが日本を訪問された際、皇居宮殿の玄関にて天皇陛下ご夫妻が出迎えられ、宮中晩餐会が催される。こうした場面はしばしばテレビでも生中継されるが、そのシーンを目にしていると晴れ晴れとした気分になり、とても誇らしい思いが湧き立っ

てくる。そして、幸福な昂揚感に包まれる。ここまで読み進めてきた読者の皆さんなら、このような思いを共有されているのではなかろうか。そうなのだ、こんな思いは多くの日本人がこぞって共有しているはずだ。この気持ちこそが、変わることなく天皇家を支えてきたのだ。２０００年の昔から、日本人は衣食住すべてを満たしてくれる豊かなる自然に感謝し、その一方ではそれを恐れてきた。火山の噴火、地震、津波、疫病、飢饉という猛威をふるう大自然を前にして、人々は神に祈るしか他に方法はなかった。だからして、日本全国津々浦々に鳥居や社をつくり、自分たちの集落にいちばん近い自然そのものを神として崇め奉ってきた。海辺にある漁師の村なら海亀の甲羅を祀り、それが農村なら目の前にそびえ立つ雄大な山を神として崇めてきた。大自然は私たち日本人に食料となる魚介類を与え、雪解け水で豊かな秋の実りを約束してくれる。その本家本元である天皇こそが自分たちに食料をもたらし、神の怒りすなわち大自然の変動を鎮めて、自分たちをその脅威から守ってくれる最大の神だと信じてきた。日本において、天皇は農林業、漁業そしてものづくりを司る神ともされる。さらには、天皇の務めの一つに国家の安寧と国民の幸福を祈ることがある。だからこそ天皇とは、日本人にとって最大の神にして唯一の保護者となる。かくして日本人は誰からも強制されることもなく、自分の損得を考えることもなく、ただ天皇家を称え守ること、それが自分自身のためだ、自分の名誉だと無意識の中で受け止めそのように考えているのだ。それは結局、〝自然という神への、すなわち天皇への感謝と恩返し〟ということになる。これこそが神道の神髄であり、それが日本人の総意となって、天皇を敬い慕いそして支えてきた。そういうことではないのか？　きっとそうだ。それに違いない。これが結論だ、やっとのことで結論にたどり着いたと筆者は思った。そして、その夜は満足感に包まれて珍しく熟睡することができたのだが、翌朝、目が醒めると、またまた次なる疑問が胸の内から湧き上がってくるのであった。

「ちょっと、待て！　日本人の総意と簡単に言うが、このような思いがなぜ、どのようにして日本人の総意として一つにまとまったのか？　そのきっかけは何なのだ？　いったい誰が、なんのためにこんな考えを日本人に指し示したのか？　そして、日本中にいつ、どのようにして広まったのだ？」

まったくのところ、つくづく因果な性分なのだ。そして、この問題の解明こそが本書を書き進める最大の眼目となったのである。では、ここで一度立ち止まり、論点をまとめ整理してみよう。

「この日本列島に住まう人々、それはすなわち大和民族であり日本人ということになるのだが、彼らすべてが豊かな自然に感謝し、反面ではそれを恐れてきた」

「天皇家が万世一系の血筋として、2000年を超える長きに渡って存続してきた理由は、自然に感謝しそれを畏怖する日本人から、天皇家はその自然の頂点に立つ神として認められ崇められてきたからだ」

と、その論点は以上の二つにまとめることができた。ここまでは〝よし〟としよう。そして、次なる疑問は、

「天皇家が自然の頂点に立つ神であると、日本人の総意として認められるようになったのはなぜか？」

「それが、なぜ天皇家なのだ？　薩摩の隼人族ではだめなのか？　奥州の蝦夷族では……？」

と、いうことになる。そして、このような課題に取り組む時、あらためて『古事記』『日本書紀』そして『風土記』に思いが至ったのである。実はこの三つの書物は、時を同じくして完成しているのだ。

「三つの書物が時を同じくして完成した、という歴史的事実こそがこの謎を解くカギを握っているのではないのか？」

そこに思いが行きつき、あらためてその三種類の書物の由来を調べてみた。

そもそも『古事記』と『日本書紀』は、7世紀後半に時の最高権力者である第40代天武天皇の命で編纂が始まり、『古事記』は天皇家の私史として712年（和銅5年）に、『日本書紀』は日本の正史として720年（養老4年）に完成したとされる。天武天皇はその生年こそ不詳であるが、在位期間は673年（天武2年）から686年（朱鳥元年）であり、在位最後の年に歿している。したがって、この二つの書物は天武天皇の没後完成したということになる。天武は唐から伝わった道教に興味をもち、神道を整備するとともに、仏教を保護して奈良の薬師寺を創建するなど国家仏教を推進した。

「天皇」を自らの称号とし、「日本」を国号とした最初の天皇とも言われている。では、それ以前の天皇は、そして日本は何と呼ばれていたのかということだが、前述のとおり、天皇は王、大王《おおきみ》と呼ばれ、日本は邪馬台国、倭国そして大和となり、日本と称するようになったという。ちなみに、こうした歴史的事実をもってして、「大和朝廷」という呼称にかえてヤマト王権なる呼び名を主張することが1970年代から一つの流れになってきている。その主旨は、

「朝廷とは天皇が政治を司る所という意味だが、その当時、天皇と呼ばれる人は存在せず、支配者は大王《おおきみ》と称されていたから」

ということだ。それが時の流れ、学問の進歩というものだが、これ以降、本書では「大和朝廷」という呼称で書き進めたい。そして『風土記』であるが、これは奈良時代初期の官制の地方情報誌であ

る。713年（和銅6年）、第43代元明天皇（在位707年〜715年）の詔勅（筆者注／天皇が公務として発する言葉という意味）により、地方各地の国庁が編纂したものだ。全国を統一し律令制度を整備した朝廷は、各国各地の事情を知るため『風土記』を編纂させ地方統治の指針としたのだ。それに記された内容は、「その土地の地名とその起源」「その地の産物」「土地の肥沃の状態」「その地に伝わる旧聞や特徴的な出来事」などである。その時、献上されたという『出雲国風土記』『豊後国風土記』などの写本が現在でも残されている。また、元明天皇には天武天皇の代からの勅令であった『古事記』が献上されている。712年（和銅5年）のことだ。こうした史実は、この時代になると天皇を中心とする朝廷の権威が確立し、その支配が日本各地に及んでいたことを意味する。

ではここで、確かな文献をもとにして、それ以前の日本の歴史をさかのぼってみよう。まずは『魏志倭人伝』だが、これは中国の歴史書『三国志』中の「魏書」第30巻烏丸鮮卑東夷伝倭人条の略称とされている。当時、日本列島にいた民族である倭人（日本人）の習俗や地理などについて書かれている。『三国志』は、西晋の陳寿により3世紀末（280年〜297年）に書かれ、陳寿の死後、中国では正史として重んじられた。当時の倭には女王の卑弥呼をいただく邪馬台国を中心とした国家群が存在し、また女王に属さない国も存在していたことが記されている。また、その位置、官名、生活様式についての記述も見られる。それに加えて、本書には当時の倭人の風習や動植物の様子が記述されていて、3世紀末の日本を知る史料となっている。しかし、必ずしも当時の日本の状況を正確に伝えているとは言えず、邪馬台国の所在地は今もって判明していないし、卑弥呼も誰であったかと特定されていない。その女王であり「親魏倭王」と称される卑弥呼だが、彼女に関する記述では、

「既に年長大であり、夫はいない。弟がいて彼女を助けていたとの伝承がある。王となってから後は彼女を見た者は少なく、ただ一人の男子だけが飲食を給仕するとともに、彼女のもとに出入りをしていた」

とされている。また、卑弥呼の称号とされる親魏倭王とは魏の皇帝が、

「こいつは貢物を持参して俺に跪く日本人だ。よし、日本の王として認めてやろう」

と、いうことなのだ。だが日本側の卑弥呼にしてみれば、

「外交儀礼として贈り物をしただけで、こちらとしてはお前なんぞに頭を下げるつもりはない」

とでも思っていたはずだが、実際のところはどうであったのかそれもよく分かっていない。こんなことが伺える『魏志倭人伝』をもってして、筆者は次のような印象を受けるのである。すなわち、

「卑弥呼が女性であること、そして独身で滅多に人前に現れず、弟から食事の世話をされていた」

との記述に関してだが、このような卑弥呼のありようは、伊勢神宮に祀られその姿を目にすることすら憚られて神官により食事を運ばれる天照大神に重なるのである。こうしたことから卑弥呼こそ天照大神とする説もあるが、彼ら二人が存在したといわれる年代からしてありえない話だ。卑弥呼は3世紀末の人で、天照大神は初代神武天皇の祖先とされる。その神武が天皇に即位したのが紀元前660年のことで、卑弥呼が天照大御神であるわけがないのだ。加えて、邪馬台国がどこにあったのか？　卑弥呼とはいったい誰なのか？　そうした基本的なことが今日に至るまで何も分かっていない。そして、天皇家に関する前述の謎、すなわち、

「天皇家が自然の頂点に立つ神であると、日本人の総意として認められるようになったのはなぜか？」

という疑問を解くのにもう一つ重要な鍵は、この当時の日本には文字が存在しなかったということだ。平成の世の今日においても日本語表記の根幹をなす漢字は、4世紀末に朝鮮半島を経て大陸から伝来したとされている。ただ、それ以前にも大陸や朝鮮半島から渡来した銅鏡などに漢字は記されているが、その時点で、そのような文字を目にした日本人は、それが言葉を伝えるための記号だとは認識していなかった。そこで筆者は、大和朝廷が文字を取り入れた経緯を調べてみた。一般的に大和時代というと、それは初代神武天皇即位（紀元前６６０年）から平城京へと遷都（７１０年）するまでの時代を指している。これとは別に古墳時代と称する年代があり、それは3世紀中頃から7世紀中頃の日本を指す時代区分だ。それで古墳時代前半の日本、すなわち4世紀から5世紀頃の大和の国は、朝鮮半島経由で大陸の進んだ文化を取り入れようとしていた。そのため朝廷では、学問や技術に優れた人々を朝鮮半島から招き入れていたのだ。彼らの多くは百済から来た人で、帰化人と呼ばれて朝廷内の部《べ》の組織に組み入れられて、産業や文化の発展に大きな役割を果たしてきた。鉄を鍛える技術に陶器を作る技などを伝えた人、蚕を飼ってその糸を紡ぎ布を織る人、馬の鞍を作る人、そのような人々だ。彼らは学問の上でも大きな役割を果たした。それは、漢字を用いて文章を書く能力だ。だが、当時の日本には文字というものが存在しなかった。そこで朝廷内でこの業務を担ったのが、東漢氏《やまとのあやうじ》という帰化人の一族だった。時が経ち大和朝廷が力を増すと、外交文書の作成や朝廷内の計数業務も必要となってくるが、そうした事務処理もまた彼らに任されていた。その一方では、日本人もまた文字（漢字）を修得していく。現在の熊本県にある5世紀に作られたとされる江田船山古墳から、漢字で文章を刻まれた刀が出土している。また和歌山県の隅田八幡宮には、文字が刻まれた6世紀の銅鏡が残されている。ちなみに、この時代には儒教や仏教も日本に伝えられている。日本へ儒教が伝わったのは仏教公伝より早く、『古事記』には王仁《わに》が『論語』をもって渡来したとされるが、これは5世紀のことだ。その後も、継体天皇の時代の５１３年に百済より五経博士が日本に渡ってきてその教えを伝えている。そして仏教の伝来だが、公的には５３８年と５５２年の説があり、現在では５５２年説が有力である。ただし、それ以前にも朝鮮半島からの帰化人がそれをもち込み私的に信仰していたとされる。

さて、こうして文字を手に入れた大和朝廷は、大陸や朝鮮半島と文化面やものづくりなどで活発な交流を展開するのだが、その一面で彼らとの紛争にも巻き込まれていく。また、朝廷内での権力闘争も繰り広げた。そのような紛争、抗争について『日本書紀』の記述をもとにして、以下にその概要を書き連ねてみる。

５８７年（用明天皇２年）、厩戸皇子（聖徳太子のこと、５７４年に誕生し６２２年に死没、聖徳太子とは死後に贈られた尊称とされる）が蘇我馬子（生年不詳、６２６年死没）とともに物部守屋を討伐している。これは仏教の扱いを巡って崇仏派の蘇我馬子と排仏派の物部守屋とが対立していたことに端を発し、その年に崩御した用明天皇の後継争いにまで発展したものであった。その争いで、蘇我馬子に厩戸皇子が加勢し物部守屋を倒している。その後、聖徳太子の伯母に当たる第33代推古天皇が没すると、第30代敏達天皇《びたつてんのう》（在位５７２年～５８５年）の孫の田村皇子と聖徳太子の子である山背大兄皇子《やましろのおおえのみこ》（生年不詳も６４３年に死没）との間で、皇位継承争いが始まる。そこで馬子の子である蘇我蝦夷は、田村皇子を擁して第34代舒明天皇として即位させる。敗れた山背大兄皇子は蝦夷の息子、蘇我入鹿によって追い詰められ自害する。643年（皇極天皇2年）のことである。こうして聖徳太子の血筋は絶え、蘇我氏の権勢は頂点を極めていく。そして645年（皇極天皇4年）には、乙巳《いっし》の変が起きる。馬子以来、皇位の継承まで左右し天皇をも凌ぐ権勢をもつに至った蘇我氏を、皇極天皇の皇子《みこ》である中大兄皇子《なかのおおえのみこ》と豪族である中臣鎌足とが共謀して打倒した事件だ。この年、三韓（高句麗、新羅、百済）からの貢物を天皇に捧げる儀式の最中に、中大兄皇子（626年～672年）が当主である蘇我入鹿を斬り殺したのだ。その後、父親である蘇我蝦夷を攻撃し、自害に追い込んで蘇我氏を滅亡させている。その中大兄皇子は後に第38代天智天皇（在位662年～672年）となるのだが、その一方、皇位継承候補の古人大江皇子《ふるひとのおおえのみこ》を謀反の疑いで殺害し、自身の右腕として「大化の改新」をすすめた蘇我石川麻呂も同様にして自害に追い込んでいる。その上さらに、自身の独裁を批判した孝徳天皇（第36代、在位645年～654年）の皇子である有馬皇子《ありまのみこ》まで処刑している。外部の敵を倒した後は、自己保身のために身内の粛正に走る。このあたりの血で血を洗う抗争は、信長も秀吉もそして徳川家康すらも経験していることであり、いかに天皇家といえども権力闘争の渦中において、その凄まじさは何ら変わることはない。アメリカ映画の「ゴッドファーザー」のような、マフィアの世界とも重なってくる。そして孝徳天皇が没して第37代斉明天皇（在位655年～661年、第35代皇極天皇と同一人物であり、天智天皇、天武天皇の母）のとき、朝鮮半島では唐と新羅の連合軍に侵略された百済が、日本に対して援軍を求めてくる。斉明天皇は5万の朝廷軍をもって百済を目指すが、九州は筑紫の朝倉宮で急死してしまう。その後を受けた中大兄皇子が軍を統率し、倭の水軍は朝鮮半島を目指す。だが、倭軍の武将秦多来津《はたのたくつ》が百済軍の鬼室福信《きしつふくしん》と対立し、福信を殺してしまう。

このような内輪もめをしているようでは、戦に勝てるはずがない。それに加えて、敵の連合軍は大型の艦船を擁していた。結局、倭国の水軍は千隻もの軍船をもちながら、それはあまりにも小型で戦闘力に劣り大敗を喫するのである。これは歴史上「白村江の戦い」と称され、663年（天智2年）に起きた朝鮮半島の南西部白村江沖での海戦であった。

次いで672年（天武元年）には、天皇家最大の内乱とされる「壬申の乱」が起きる。天智天皇の弟の大海人皇子《おおあまのみこ》（生年不詳で686年死没）は、息子の大友皇子《おおとものみこ》を天皇にしたいと願う天智天皇から命を狙われる。吉野へと脱出した大海人皇子は、兄天智天皇の死後挙兵し、大友皇子率いる朝廷軍との戦いを繰り広げた。朝廷にたいして不満を抱く東国の豪族たちを味方に引き込んだ大海人皇子と、朝廷軍を率いる大友皇子とが近江国大津を流れる瀬田川を挟んで対峙する。両軍合わせて6万を超える大軍勢で、歴史上「瀬田橋の戦い」と呼ばれる。この戦いで敗れた大友皇子は自害するが、その母親は皇族の出身ではなく皇位継承順位が低い皇子であったため、朝廷軍の士気が低かったことがその敗因とされる。この当時、既に血筋は絶対的なものとされていたのだ。『古事記』や『日本書紀』で高天原《たかあまのはら》の神と天皇家の血のつながりをその系譜で示しているのも、血筋の絶対性を強調しているのである。『古事記』を研究した本居宣長は、このあたりに着目して、

「権力の正統性を血統に求め、天照大神の血を引く天皇家こそが唯一日本支配の資格を有する」

と、主張したのである。一方、勝利した大海人皇子は後に即位し第40代天武天皇（在位673年〜686年）となる。673年（天武2年）のことだ。彼は兄である天智天皇の政策を引き継ぎ、中央集権国家の完成を目指した。まずは官僚制度の改革に取り組み、才能や功績によって官位を決定し

た。そして684年（天武13年）、八色《やくさ》の姓《かばね》を制定する。これは皇族や貴族に「真人《まひと》」を最上位として「朝臣《あそん》」「宿禰《すくね》」など朝廷内での格式を順位づけした姓を与え、天皇を頂点として皇族の地位を絶対化する氏姓制度であった。時を同じくして、天武天皇は日本で最初の律令である「飛鳥浄御原令《あすかきよみはらりょう》」の作成を開始し、『古事記』『日本書紀』の編纂も命じている。また、大王《おおきみ》という呼称を天皇に、倭《やまと》（大和）という国名を日本に改めている。天武天皇とは、日本という国を天皇が治める中央集権国家に作り上げた、まさしくその天皇である。その一方で、彼は即位した直後の数年間は自身の権力基盤を固めるに粛清と恫喝を繰り返している。675年（天武天皇4年）に皇族臣下麻続王《おみのおう》を因幡へ、翌年には筑紫大宰の屋垣王《やかきおう》を土佐へ流すなど数多くの近親高位の皇族を流罪にしている。また恫喝や威嚇を意図した詔も多い。675年（天武4年）には、朝廷官吏や庶民に対して悪行に手を染めるなと詔を下し、677年（天武6年）には東漢氏が政治謀議に加わった過去を蒸し返して非難している。その後には、2代の天皇をおいて第43代元明天皇が即位する。女帝である。彼女は天智天皇の皇女であり、天武天皇の皇子である草壁皇子《くさかべのみこ》と結婚する。皇子は元明天皇より1歳年下のいとこ(従弟)にあたる。その在位期間は707年（慶雲4年）から715年（和銅8年）であるが、708年（慶雲5年）武蔵国秩父黒谷より銅が献上されたことから元号を和銅に改め、日本初の貨幣とされる和同開珎を鋳造させている。710年（和銅3年）には藤原京から平城京（奈良）への遷都を実行した。そして彼女は『風土記』の編纂を詔勅し、天武天皇が編纂を命じた『古事記』を712年に完成させている。『風土記』は各地方の国ごとに編纂され、713年に元明天皇に献上された。一方では、中央集権国家の根幹をなす法整備が進められていた。話は前後するが、681年（天武天皇10年）、天武天皇の詔によって進められた律令の制定は、彼の死後の689年（持統3年）「飛鳥浄御原令」として頒布された。そもそも律令の「律」とは刑罰に関する規定であり、「令」とは政治経済など一般行政に対する規定である。それは隋や唐の政治形態を模範としているが、日本の国情に適合しない点も多々あったことだろう。また、「飛鳥浄御原令」にはその名のとおり「律」がなく、不完全な形ではあった。その後も改良が加えられ、701年（大宝元年）大宝律令として完成した。この律令を全国一律に施行するため、同年（大宝元年8月8日）、朝廷は明法博士を日本各地へ派遣してこれを講義させた。翌702年（大宝2年）には、第42代文武天皇は大宝律令を諸国に頒布した。大和朝廷による日本統治の骨格はこの大宝律令をもとにして形成され、当時の政権が支配していた領域すべて（東北地方を除く本州と四国、九州の大部分）に一律に及ぶこととなった。大宝律令の制定により、天皇を中心として二官八省（神祇官、太政官――中務省・式部省・治部省・民部省・大蔵省・刑部省・宮内省・兵部省）の官僚機構を骨格とする中央集権統治体制が確立した。これによって、

「役所で取り扱う文書には元号を使うこと、印鑑を押すこと、定められた形式に従って作成された文書以外は受理しないこと等々の、文書と手続きの形式を重視した文書主義が導入された」

というわけだが、驚くなかれ、それから1318年後の2019年（令和元年）の今日でも、こうした文書主義は行政機関をはじめとして日常生活の多くの場で、そのまま引き継がれているのである。それどころか、こうした慣習は当然のしきたりとされ、これを変えようとする動きは日本国中どこにも無いのだ。天皇家の支配力というべきか、日本人が従順だと言うべきか？　このような天皇家と日本人とのつながりの奥深さに、ここでもまた筆者は驚嘆の念を禁じ得ないのである。

それはそれとして、文字がなかった時代の大和朝廷は、どのようにして公式な記録を残していたのか？　言うまでもなく、これは口伝でしかありえないことだ。その結果、あいまいな歴史が語られ受け継がれたことも推測できる。だが、そんなことがいつまでも許されるはずがない。きちんと整理された正確な歴史が必要なのだ。そのような状況で、朝廷としては大陸から伝わった文字の修得を目指した。遣隋使が最初に派遣されたのが６００年（推古8年）のことで、以後６１８年（推古26年）までの18年間に5回以上派遣されている。この時代、日本人は漢字を修得して日常的なものとし、漢文形式で文章を作れるようになってきた。大和朝廷内で日本人が漢字を共有し、文字を用いて記録を残すことができるようになったのは、おそらく7世紀も後半であったろう。それを待ちかねたようにして、『帝紀』が編纂される。『帝紀』とは、伝承された歴代の天皇や皇室の系譜を記したもので、６８１年（天武天皇10年）より天智天皇2子の川島皇子と天武天皇皇子の忍壁皇子《おさかべのみこ》が、勅命により編纂したものだ。また、『帝紀』と並んで『古事記』『日本書紀』の基本資料といわれ、時を同じくして完成している『旧辞』は、朝廷に侍る各氏族それぞれに伝承されたものをまとめた歴史書だと考えられている。政権を安定させるためにもその根拠を文書化し、その正当性を朝廷内はもとより広く国民に徹底する必要があったのだ。筆者はここに作為を覚えるのだが、いずれにしても、天皇家の歴史や朝廷に近侍する氏族のいわれを書物にまとめ上げたことは天武天皇の業績である。そこで筆者は、『帝紀』『旧辞』の作成に深くかかわり、『古事記』『日本書紀』の編纂を詔勅した天武天皇の心境を思いはかってみた。何を目的として、これらの書物を編纂する気になったのかということだ。彼の時代になると天皇家を中心とした中央集権体制が強固なものとなり、その権力と支配力は日本全国に及んでいた。あらためて書くが、この当時の日本全国とは、すなわち大和朝廷の勢力範囲とは、東北地方を除く本州と四国、九州の大部分ということだ。そこで、天武天皇はその支配体制をより強固なものにし、未来永劫に引き継がれるものとしたかったのではないか。今も昔も、そして世界中に、

「歴史は勝者によって書き換えられる」

という言葉がある。逆に言えば、敗者には歴史を語る資格がないということだ。天武天皇はこれを狙い、意図的に『古事記』『日本書記』を作らせたのではないのか。特に『古事記』は天皇家の私史であり、すでに完成していた歴史書の『帝記』『旧辞』を稗田阿礼（生没不詳、天武天皇の舎人であり活動期間は7世紀後半から8世紀初頭とされる）が誦み習い、それを朝廷内の文官である太安万侶（生年不詳、７２３年死没）が筆録したとされている。その内容は、天皇を神聖化し天皇を中心とした大和朝廷による日本の支配を正当化するものだ。正確な歴史をうたい文句にして、この日本を支配しやすいように巧妙な仕掛けを盛り込んだのだ。そう考えれば、荒唐無稽な物語で粗野な神々が力強く描かれる『古事記』は、まことに興味深くそれを目にした人々を驚かせ魅了するものだ。アメリカ映画の『インディ・ジョーンズ』や『ジュラシックパーク』は奇想天外な冒険活劇で大人気となってシリーズ化されたほどだが、これらをはるかに上回る破天荒なストーリー展開は、これが映画の脚本と考えれば21世紀の今日でも十分に通用する面白い作品となることだろう。なかでも筆者が注目するのは、死んだイザナミに会うために死者の国である黄泉の国へと赴いたイザナキが、体中にうじ虫がたかり醜く変身したイザナミの姿に恐れをなして逃げ帰るくだりである。

「イザナミは怒りのあまりに追手を差し向けた。迫り来る追手に、イザナキは身に着けた髪飾りや櫛

の歯を投げつけて応戦する。すると、髪飾りは山ぶどうに、櫛の歯はタケノコに変わったという」

　このような食物創生に関する記述は「五穀誕生伝説」にもつながっているが、これはすなわち天皇家の祖先が食物を創り出したと言っているのである。当時の人々に対して、

「自分たちに食料を与えてくれる天皇」

　とのイメージを巧みにすりこんでいるというわけだ。まったくもってその筋書きは秀逸なのだ。ちなみにそんな話を物語ったとされる稗田阿礼とはどのような人物なのか？　彼については天武天皇の舎人であり『古事記』の編纂者のひとりという以外は、生年、没年も含め何も分かっていない。ただ、『古事記』の序文に以下のように紹介されている。

「そのとき、天武天皇に仕える一人の舎人がいた。姓は稗田、名は阿礼といい、年は28歳であった。とても聡明な人物で、目に触れたものは即座に言葉にすることができ、耳に触れたものは心に留めて忘れることはない。すぐさま天皇は阿礼に対して、『帝皇日継《ていおうのひつぎ》』（帝紀のこと）と『先代旧辞《せんだいのくじ》』（旧辞のこと）を誦習せよと命じた」

　と、大略してこのような内容だ。そして、もうひとりの太安万侶だが、彼もまた生年不詳である。７１１年（和銅4年）には正五位上に叙され、翌年には元明天皇に対して『古事記』を献上している。７１５年には「従四位下」という官位を授けられているが、これは戦国時代に甲斐の守護大名であった武田信玄と同等であり、太安万侶は皇族の血を引く名家の出身であると思われる。そして７２３年（養老7年）に死去するが、その時、姓は朝臣、官位は民部卿従四位下であったとされる。「朝臣」という姓は、天武天皇が制定した「八色の姓」では、「真人」に次いで2番目にあたる格式である。

また、民部卿という職位は二官八省の民部省の長官にあたる。その民部省では、財政と租税全般を管轄し諸国の戸口、田畑、山川、道路、租税を司っていた。これは筆者の推測だが、太安万侶はその職務と職位からして713年に元明天皇に献上された『風土記』の編纂にも深くかかわっていたと思われる。

さて、ここまで調査してきた結果、筆者は『古事記』とは、天皇家による日本支配を未来永劫可能とするための壮大な創作物語だと、確信するに至ったのである。絶対的な権力を手にした天武天皇、並ぶものなき天才的な頭脳を有する稗田阿礼、そして文章力に秀でた民部省官僚の太安万侶、この3人が協議し共謀して創り出したに違いない。このように書くと、

「貴様は天皇家を侮辱するのか。まったく、けしからん奴だ。日本人の風上にも置けん」と、思われるかもしれない。だが、決してそうではない。このような天武天皇の夢と野望に共感し、その成果と業績に驚嘆し感激しているのである。筆者は前述のとおり、日本人に生まれたことを誇りに思い、大半の日本人と同じように天皇家を尊崇するひとりでもある。そして、新年祝賀の一般参賀には日の丸の小旗を手にし、家族とともに皇居まで出掛けてもいるのだ。参考までに書き添えれば、その時、金髪で青い目をした家族連れが我々のすぐ横にいたのだ。彼らもまた大声を出しながら、天皇陛下はじめ皇族の皆様に向かって日の丸の小旗を打ち振っていた。また、少し離れたところには、アジア系の若い男女が数人立っており、旗を振りながら写真を撮っていた。このように、今や日本の天皇家は世界中の人々から慕われ愛される存在になっている。

さて、日本映画史上最高の名作とされる黒澤明監督の『七人の侍』は、黒澤明、小国英雄、橋本忍

の3人の脚本家が、何日も旅館にこもり知恵を出し合ってそのストーリーを練り上げたことは広く知られている。彼らが参考にしたのは、当時の日本で絶大な人気を誇っていたアメリカ映画の西部劇だ。中でもジョン・フォード監督の名作「駅馬車」で、大平原を疾走する馬車の屋根と室内から、そして追いすがる敵が馬上から、それぞれが打ち合う銃撃戦の迫力ある映像に魅了されて、これ以上の映画にしたいと策を練ったのだ。舞台となるアメリカの大平原は雨が少なく、舞い上がる砂埃が見る者の臨場感を増して絶妙なる映像効果を与えている。それを見ながら、3人の脚本家が特に念入りに構想を練ったのは最後の決戦シーンだと言う。日本映画としてこれと同じような、いや、さらなる迫力を生み出すにはどうするか？　議論を重ねて出された結論は、豪雨の中での大激戦であった。砂漠の砂ぼこりに対抗するには、水の国、日本を象徴する土砂降りの雨ということだ。馬に乗り水しぶきを上げて襲い来る野盗の集団を、雨と泥にまみれて迎え撃つ主人公の勘兵衛と菊千代、そして農民たちだ。これぞまさしく映画史に残る名場面である。雨中の戦いの映像はこの目にこびりつき、今も忘れることができない。

これと同じことをそのはるか昔に、天武天皇、稗田阿礼そして太安万侶の3人がすでにやっていたのだ。それも映画どころではない。日本国の根幹を創り出すべく壮大かつ遠大にして、見事なまでに鮮やかな構想だ。それから1300年経った今日の日本は、緑多き自然に囲まれた平和で安全な国、そして豊かに繁栄し世界中から最も愛される国となっているが、彼らの企みがその礎となり肥やしとなって後世に引き継がれ現在に花開いたのだと、断言したいのだ。このような協議共謀説を唱える根拠はもう一つある。日本最古の神社とされる奈良県桜井市の大神《おおみわ》神社、そして2番目に古いとされる

福岡市博多区の住吉神社だが、いずれもその創建時期があいまいなのである。大神神社のインターネットホームページには、

「当社の創始に関わる伝承が『古事記』『日本書紀』に記され、古くから神様の中の大神様として尊ばれ、第十代崇神《すじん》天皇の時代には国造り神、国家の守護神として篤く祀られました」

とある。そして2番目に古いとされる住吉神社だが、同じくそのホームページによれば、創建時期は不詳としながらも、

「古代には他の住吉神社とともにヤマト王権の国家的航海神として崇敬され、中世からは筑前国の一宮に位置づけられた……。現在の本殿は江戸時代前期の黒田長政による造営で、その建築様式は『住吉造《すみよしづくり》』と称される古代日本の独特なもので、……。他に文化財としては境内から出土したという弥生時代の銅戈・銅鉾などを伝世し、……」

と、このようなことが記してあるが、『古事記』や『日本書紀』を意図的な創作物と考える筆者にとって、そのふたつの書物を根拠にするのは天武天皇の意向そのものとも思えるのだ。また、創建時期が不詳だということもその裏付けということになる。文字がない時代の出来事というものは、書く人によっては何とでも書ける。繰り返すが、歴史は勝者が書き換えるものなのだ。ただし、誤解がないように書き添えれば、筆者がこの言葉を用いるとき対象にするのは『古事記』『日本書紀』の一部内容に関してのみである。今や日本人の誠実さや律義さは世界中に知れ渡り、「日本の歴史教科書ほど公正なものはない」というのが、世界共通の認識となっているのだから。それはともかくとして、境内から出土したという弥生時代の銅戈・銅鉾の存在については、その当時その場所にはなにがしかのそ

れらしきものが存在したということになり、この事実を軽視し覆すようなことはできない。

次は、伊勢神宮（正式名称は神宮）について調べてみる。インターネットのウィキペディアによれば、

「神宮には、太陽を神格化した天照坐皇大御神《あまてらしますすめおおみかみ》（天照大御神）を祀る皇大神宮と、衣食住の守り神である豊受大御神を祀る豊受大神宮の二つの正宮があり、一般に皇大神宮は内宮《ないくう》、豊受大神宮は外宮《げくう》と呼ばれる」

とある。創建は、内宮が紀元前8年（垂仁天皇22年）、外宮が478年（雄略天皇22年）とされている。筆者は伊勢神宮にも何度か参拝しているが、その度に驚き感激することがある。それは神宮が置かれた場所、すなわちその絶妙なるロケーションだ。内宮の御座所はさして高くもない山森の入り口にあり、清流五十鈴川を横目に眺めながら進むことになる。川にかかる木造の宇治橋の上から眺める風景は、まさしく日本を代表する眺めなのだ。右手には日の丸の旗がはためき、大きからず小さからず、深からず浅からず涼しげに流れる川面の左手に、柔らかくまろやかながらもこんもりとした森がある。五十鈴川の風情と穏やかな山並み、その光景はおそらくは2000年の昔から樹木が増えて成長した以外は何も変わっていないことだろう。その奥に大神がおわすのだ。ここが日本という国の原点なのだと思うとき、

「よくもまあ、このような場所を探し当てて神宮を設営したものだ」

と、ただひたすらに感じ入ってしまうのだ。

「猿田彦大神に出迎えられて九州は高千穂の地に降り立った神が、その案内で遥か離れた伊勢のこの

地に辿りついた」

と言われれば、

「なるほど、もっともだ。人間業《わざ》でこの地を探し出したとは、とても思えない。猿のように山野を自在に駆け回ってこそ初めて発見できる場所だ」

と、納得できる風景であり位置取りなのだ。日本最古と称される社と、豊かな森のその奥に鎮座される大神様、さらに言えば、その場所は当時の都があった飛鳥や奈良からさして遠くはなく、行こうと思えばいつでも行ける距離にある。こうした舞台設定にもまた、筆者は彼ら3人が幾重にも張り巡らした企みを感じ取る。その一方では、神宮や天皇家を尊崇しながらもこのような思いを巡らす筆者は、重ねがさね因業な性分で罰当たりだと自省するのである。

では、彼ら三人が密謀しつくりあげた『古事記』の内容とはどのようなものだったのか？　天武天皇の思い、そして稗田阿礼と太安万侶の任務や役割をここにまとめて整理してみよう。時は『帝紀』『旧辞』が完成して間もない683年（天武12年）頃で、天武が即位して12年が経ち、国内統治の基礎固めも一段落ついて次の段階に踏み出そうとした時期である。

天武天皇の思いは、以下のようになる。

「自分を中心とした天皇家とその子孫が、未来永劫にわたり日本を統治する」

「天皇の権威とその正当性を裏付ける証拠品が欲しい」

「支配する領域（国土）を明確にして、世に知らしめたい」

「統治者に必要なことは、国民に崇められ尊敬されて慕われること。なおかつ、畏れられること」

「日本の統治者として、支那なぞに頭は下げん。それに朝貢した邪馬台国や卑弥呼などは、もっての外だ。抹消すべき存在だ」

稗田阿礼の任務は、前述の天武天皇の思いを盛り込んだ物語を分かり易く興味深い内容として紡ぎだすことだ。

「天皇を神として、他の人々とは明確に区別すること」

「支配者としての天皇家の正当性を明確にすること」

「庶民受けする天皇のイメージを創り出すこと。先祖となる人々は、粗野で夫婦喧嘩や兄弟げんかもする。それでいて親しみやすく、力強い人物像に仕立て上げること」

「物語が展開される範囲は、天武が支配する領域すべてを網羅すること」

「天皇家が国民の生活を支える内容とし、恩を売り感謝させること。その反面、畏怖感も植え付けること」

太安万侶の役割といえば、彼は民部省の官僚という立場から、

「諸国の事情を把握し、物語のネタとなる情報を提供すること」

「あの土地は毎年河川が氾濫し、人々が苦しんでいる」

「彼の地では、人々が小さな祠を作って自然に感謝しそれを神として崇め、かつ恐れている」

などの情報を集めた。

このような思いや情報がもととなって、『古事記』はまとめ上げられたのだ。その骨子は、

「国土と神々を生んだ万物創造の神、イザナキとイザナミの夫婦」

「天石屋戸《あまのいわやど》隠れでは、粗暴な弟スサノオに困惑する姉の太陽神アマテラス」
「ヤマタノオロチとの戦いでは、人々を苦しめる大蛇を倒して感謝されるスサノオ」
「五穀誕生伝説とは、スサノオに殺されたオオゲツヒメの身体から稲穂、粟、小豆、大豆に麦が生えてきて、食物を創生する話」

さらには「天孫降臨伝説」「神武東征」「ヤマトタケルの征西と東征」そして「三種の神器」へとつながり、天皇家の人々にも寿命があること、日向国（現在の宮崎県）から大和国へと遠征した神武天皇、九州南部の熊襲と駿河国よりさらに東の蝦夷《えみし》を平定するヤマトタケル、そして天皇家の正当性を証明する三種の神器すなわち八咫鏡《やたのかがみ》・八尺瓊勾玉《やさかにのまがたま》・草薙剣《くさなぎのつるぎ》などの物語が壮大なスケールで描かれている。

かかる『古事記』の内容を大胆にも一口で表現するならば、

「神である天皇家の祖先がこの日本の国土を創り上げ、私たちのために食物を生み出した」ということになる。このように言われてみれば、この地に住みその恩恵にあずかる日本人としては、ひたすら恐れおののき感謝の気持ちでただ平伏するしかない。『古事記』とは、まったくもってよくできたストーリーなのだ。ちなみに、このような物語を考え出せたのも、亜熱帯性気候で豊富な水があふれ、豊かな実りに恵まれたこの地が日本列島なればこそのことなのだ。前述のイギリスやニュージーランドのように、ろくに穀物も実らない寒冷な地では思いもつかない筋書きではある。日本列島あっての『古事記』であり、我々日本人なのである。

さて、完成した『古事記』を目にすることなく天武天皇は崩御するのであるが、その意思を引き継いだ稗田阿礼と太安万侶の二人の仕事ぶりをもう少し具体的に考えてみよう。彼らは、九州の熊襲の昔話や出雲に残る伝承をもとに、天孫降臨伝説や国譲りの説話を創り出し書き留めた。既にその当時、朝廷には各地の事情や産物などの情報が報告されていた。当然ながら、地方の国庁に命じてそれらしき昔話や説話を報告させたはずだし、神社を置くにふさわしい場所も探させた。民部省の官僚としてこの役割を担ったのが太安万侶というわけだ。そして、宮崎県高千穂町や栃木県鹿沼市がその候補地として浮かび上がってきた。高千穂町は天孫降臨の地とされ、邇々芸命《ににぎのみこと》を祭神とする高千穂神社や天岩戸神社が置かれている。そこは、当時の都が置かれた飛鳥や奈良からははるかに遠く、簡単に行ける場所ではない。天皇の身近にいる人々や庶民にとっては、その情景は想像するしかない。それを耳にした人たちそれぞれが勝手な思いをふくらませ、周囲へと広めていく。その効果は、彼ら3人の期待以上のものだったであろう。遥か昔の祖先の話としては、遠く離れた土地こそがふさわしいのだ。また、鹿沼市には倭健命《やまとたけるのみこと》を祭神とする古峯《ふるみね》神社がある。大和朝廷初期の段階すなわち5世紀、6世紀には、自然に感謝する人々の思いと、それを恐れて神として崇める風習が日本各地には既に形成されていたと思われる。このような思いと風習が日本独自の宗教である神道の下地になるわけだが、こうした各地に伝わる説話をもとにまとめ上げたのが『風土記』ということになる。このように考えるもうひとつの根拠として、『古事記』にまつわる場所が南は九州から北は栃木県鹿沼市にまで広がっていることがある。スケールの大きな冒険話としてまことに興味深い内容ではあるが、網羅される領域が当時の朝廷が統治する範囲すべてに及んでいるのだ。すなわち、『古事記』の舞台となる場所は、『風土記』が献上された地域とほぼ完全に重なるのである。そして『古事記』が完成したのは７１２

年、『風土記』が献上されたのが713年で、その時期も見事に一致している。とても偶然とは思えない。ここに明らかな作為を感じ取るのである。自分が統治する領土のすべてにその威光をゆきわたらせ、そこが我がものであることを宣言しているのだ。これこそが天武天皇の狙いであったことだろう。その意を受けて、地方に伝わる自然を崇め神とするような伝承話を朝廷の権威と組織を存分に活用してかき集め、稗田阿礼が物語として脚色し、太安万侶がそれを書き留めて仕上げていく。その横で、天武天皇が成り行きを見守っている。筆者の目には、そんな光景が浮かぶのである。そして、発案者である天武天皇が没した後も、その遺志を稗田阿礼と太安万侶が実践し元明天皇にまで引き継がれたのだ。ちなみに、神社の象徴とも言える鳥居だが、その形が固まったのは8世紀になってからと言われている。すなわち700年から720年ということだが、これもまた『古事記』『風土記』そして『日本書紀』の完成時期と見事に重なるのである。この時期は太安万侶が民部卿として地方行政を取り仕切り、朝廷の中でも重きをなしていた頃なのだ。稗田阿礼とともに、この両者は鳥居の形状デザインにも深く関与していたと筆者は推測するのである。太安万侶の民部卿という地位は二官八省の中の民部省の長官ということで、その職務は全国の戸籍や賦役を取り仕切り民政全般を担当することであった。地方から貢上される物品の管理や、諸国からの税収を管轄していたのだ。まさに適任と言える。安万侶は自身がデザインした鳥居を前面に打ち出し、すでに亡き天武天皇の遺志を実現すべく民部省のトップとして全国に神社設営を主導したその人だと言える。もう一人の稗田阿礼に関しては、天武天皇の舎人であったという以外、生没年を含めてほとんど何も分かっていない。そのため、その正体を藤原不比等（659年~720年）とする説もあるが、天武天皇が没したのは686年であり、不比等はこの時17歳ということになる。年齢からして、これはありえない説ではある。それにしても、天皇の側近にして『古事記』の編纂にかかわった人物の詳細が不明ということは、通常ではありえないことだ。これほどの人物にして何か不都合でもあったのか。それにこじつけて、卑弥呼と同じように日本史から抹消されたのか。まことに興味深いことではあるが、いずれにしてもこの詮索は別稿に譲りたい。

さて、前述のような事実に基づけば、今日、我々が目にする神社というものは、決して2000年の昔からそのような形で存在していたわけではない。ただ、その場所には土着する人々の信仰の対象なり証のようなものはあったはずだ。例えば、村はずれに置かれた小さな祠のようなものだ。それに神の住処の目印となる鳥居を据え付けて伝承話を脚色して上乗せし、その場所を神の領域として一つひとつを位置づけていった。元明天皇が奈良に都を移したのが710年（和銅3年）、この頃から鳥居の形とともに神社のイメージが形づくられ、各地のそれらしき場所に造営が始まったということだ。この過程を要約すれば、天武天皇の発案で太安万侶が今日ある神社の形を創り出し、元明天皇が後押しして全国に展開した、ということになる。その一方、仏教の法隆寺の創建は607年（推古天皇15年）、薬師寺が創建されたのが680年（天武天皇9年）とされる。天武天皇は自分の家系をそれよりはるか以前のものとして『古事記』『日本書紀』を編纂させ、神道の神を仏教より古くて格上の存在にしたかったのだ。

『古事記』という物語はかくして創り出され、それに基づいて各地に神社が作られて、天皇家を中心とする日本という国の国体が形成された、と考えられる。ちなみに、伊勢神宮の式年遷宮を考え出したのは、天武天皇だといわれている。当初は粗末なつくりであったであろうその社を、あえて質素な構えとして残しながらもそれなりの体裁を整える必要があったのだ。690年（持統天皇4年）に、天武天皇を継いだ第41代持統天皇によって第一回の式年遷宮が行われた。簡素なつくりで定期的に更新して、ものづくりの技を伝承する。まことに卓越したアイデアである。最初の遷宮が行われたのは、『古事記』の骨子がまとまりつつあった時のことで、1300年以上も昔のことだ。そして、今日の日本の繁栄ぶりを思うとき、その礎を作り上げた天武天皇の偉業にあらためて感嘆するのである。ただ、その一方では、絶対権力者となった天武天皇の意向に逆らうものとして、邪馬台国と卑弥呼の痕跡は跡形もなく抹消されたとも考えられる。今日、その所在地すら判然としないのは、粛清と恫喝を繰り返した天武天皇の仕業と思えるのだ。彼には、気に入らない連中を抹殺する一面がある。こう考えると、7世紀末すなわち天武天皇の御代に破壊された遺跡や遺構そして文書類があったとすれば、それを探ってみると何がしかの手がかりが得られるのではないか。本書では、ここまで絞り込むことができた。だが、邪馬台国と卑弥呼の究明は本書の主旨からは外れるものであり、まことに残念ながらその詮索もまた別稿に譲ることとしたい。

それでは、ここまでに検証してきたことを、一つの言葉にまとめてみる。

「豊かな自然をもつ日本列島で、自然の猛威を鎮めて人々の生活の基盤となる農業、漁業、林業そしてものづくりを司り国民の幸福を祈る天皇、そして、その自然を神とまで崇めて畏れ、天皇を神の象徴として慕い感謝する日本人という人々」

この構図こそが筆者の結論、すなわち天皇家が多くの日本人から敬愛され2000年以上も存続してきた理由なのである。ちなみに、長野県安曇野市にある穂高神社は『古事記』に登場する安曇氏の始祖を祭祀としている。もともと海洋民族とされる安曇族だが、本拠地であった北九州の志賀島を追われ、この地に流れて住みついたとされる。その例大祭では、海洋民族だった安曇氏を偲び船の形をした山車を引き回す「お舟祭り」が、今日でも行われている。また、同じく『古事記』に記された八岐大蛇《ヤマタノオロチ》伝説は、実は、斐伊川と呼ばれる暴れ川だというのだ。鳥取県東部の船通山《せんつうざん》から流れ出ると、いくつもの支流を集めて木々の生い茂る深い谷間をぬけ、出雲平野をつらぬいて宍道湖にそそぐこの川は、長い間、氾濫を繰り返して人々を苦しめてきた。『古事記』では、これを八岐大蛇に見立てた。洪水で田畑を襲う暴れ川を、八岐大蛇に置き換えてそれを退治する。その主役であるスサノオノミコトが、神として人々から感謝されるという物語だ。救われた民衆の喜びは、どれほどに大きなものだったのか。古くからその地にあった伝承話を基に、庶民の思いを知りその願いを実現するために活躍する神の姿をして勇壮な冒険談に仕立て上げたのである。かくして「天皇家と、それに寄り添う日本人」という構図が完成したというわけだ。天武天皇は、日本列島の特性とそこに住まう人々の気質を的確に把握していたのだ。こうして考えてみると、筆者はそのような日本国経営の青写真を描いた天武天皇の偉大さに驚嘆し、まことに僭越ながら、その業績を称賛せざるを得ないのである。126代に及ぶ皇統の中でも、第40代天武天皇こそ最高の存在の一人であり、彼の偉業をもってして日本という国は今日に至るまで繁栄してきた、と言っても決して過言ではない。悲しいかな筆者には、天武天皇を讃えるべきこれ以上の言葉が浮かんでこないのだ。そしてまた、2000年の長きにわたり天皇家を支えともに歩んできた日本人という人々は、まったくのところ無邪気で健気で律儀そして勇敢な人々だと言うべきだろう。繰り返し襲い来る地震や津波にも屈することなく、明るく前向きに何度でも立ち上がるのだ。このような人たちを、大和民族と称するのである。そして最後に、かくなる日本人をつくりだし支えてくれる日本列島にあらためて感謝する次第である。折しも時は令和元年5月、第126代にあたる今上天皇が即位され、退位された平成天皇のように国民に寄り添いともに歩む皇室の姿勢を述べられている。大変に心嬉しく、このような天皇家と日本国民とのつながりが未来永劫に続くことを願いながら筆をおくこととしたい。(了)

参考文献

・『逝きし世の面影（日本近代素描Ⅰ）』渡辺京二著　葦書房
・『江戸参府随行記』C・P・ツュンベリー著、高橋文訳　平凡社東洋文庫
・『明治日本の女たち』アリス・ベーコン著、矢口、砂田訳　みすず書房
・『対訳武士道』新渡戸稲造著・奈良本辰也訳　三笠書房
・『英国写真家の見た明治日本』ハーバート・G・ポンティング著　長岡祥三訳　講談社学術文庫
・『日本奥地紀行』イザベラ・バード著　金坂清則訳注　平凡社
・『古事記・日本書紀』多田元監修　ナツメ社
・『本居宣長』芳賀登著　吉川弘文館
・『朝鮮奥地紀行』イザベラ・バード著　朴尚得訳　平凡社
・『儒教に支配された中国人と韓国人の悲劇』ケント・ギルバート著　講談社
・NHKスペシャル『解かれた封印～米軍カメラマンが見たNAGASAKI～』
・NHKテレビ『プロジェクトX、挑戦者たち』「運命のゴビ砂漠」「チェルノブイリの傷　奇跡のメス」
・『英国公使夫人の見た明治日本』メアリ・クロフォード・フレイザー著
・『天皇の真実』河内正臣著　たま出版
・GOOGLE　各種関連サイト
「朝鮮のことわざ」「朴正熙の言葉」他

以上

【著者紹介】

平尾 栄滋（ひらお えいじ）

昭和 23 年　愛知県一宮市にて誕生
昭和 47 年　名古屋大学工学部航空学科卒
昭和 47 年　三菱自動車工業株式会社入社
昭和 60 年　パジェロの開発者として、パリ・ダカール＝ラリーの総合優勝に貢献
平成 14 年　金沢工大学園金沢工業高等専門学校入職
平成 14 年　『自動車の高性能化』を山海堂より発刊
平成 15 年　顧問として学生を指導し、高専ロボコン全国大会に出場
平成 17 年　株式会社アマダワシノ入社
平成 21 年　名城大学キャリアセンター入職
平成 24 年　Eco & Cost 研究所　主宰
平成 30 年　『徳川家康という男』を郁朋社より発刊
現在　歴史研究と名古屋城の観光ガイド

日本《にほん》という国《くに》　──古事記《こじき》の中《なか》に日本人《にほんじん》の源流《げんりゅう》を探《さぐ》る──

2019 年 6 月 21 日　第 1 刷発行

著　者 ── 平尾《ひらお》 栄滋《えいじ》

発行者 ── 佐藤 聡

発行所 ── 株式会社 郁朋社《いくほうしゃ》

〒 101-0061　東京都千代田区神田三崎町 2-20-4
電　話　03（3234）8923（代表）
ＦＡＸ　03（3234）3948
振　替　00160-5-100328

印刷・製本 ── 日本ハイコム株式会社

落丁、乱丁本はお取り替え致します。

郁朋社ホームページアドレス　http://www.ikuhousha.com
この本に関するご意見・ご感想をメールでお寄せいただく際は、
comment@ikuhousha.com　までお願い致します。

 ISBN978-4-87302-695-4 C0095